단군릉의 발굴과정과 유골감정

장 우 진 외

백산자료원

간 행 사

한민족은 기질적으로 보면, 다른 어느 민족보다도 민족적 동질성이 강한 민족이라고 할 수 있을 것이다. 그러나 우리민족은 남북이 분단된 이래로 반세기가 넘는 기간동안 우리 민족의 역사적 관점과 이념을 서로가 달리 하는 불행한 사태를 가져왔다.

비록 국민의 정부가 등장한 이래 남북 간에 문화적 교류가 열리면서 그동안 북한에서 발표된 일련의 연구서들이 남한학계에 소개되었다 할지라도, 그동안 북한 학계에서 이룩한 학문적 연구성과를 모두 평가하기엔 아직도 부족하다 할 것이다. 특히, 그동안 북한에서 간행된 많은 연구 업적들이 남한에서 간간이 소개되기도 하였지만, 남한학계에서 요구되는 학문적 욕구를 충족시키기에는 아직도 미흡하다고 할 것이다. 그럼에도 불구하고 80년대 이래로 계속되어온 북한학계가 남한학계에 대한 연구성과의 소개는 우리민족의 문화적 동질성을 다시 한번 확인할 수 있는 계기가 되었다.

최근에 이르러 더욱 빈번해진 남북한 학자들의 상호방문과 북한학계에서 거둔 연구성과의 소개는 남북한 학계의 학문적 발전에 있어서 진일보할 수 있는 기회가 될 수 있을뿐더러, 일반 시민들이 우리민족의 역사를 이해할 수 있는 인식의 폭을 넓힐 수 있는 계기가 되기도 하였다는 점에서는 매우 긍정적인 현상임에 틀림없을 것이다.

물론 오랜 기간 동안 서로 다른 학문적 배경으로 남한 학계에서 서로 다른 연구의 길을 걸어왔던 만큼 남북한 학계의 학문적 견해가 하루아침에 좁혀질 수는 없을 것이다. 특히, 분명하게 상존하는 이러한 견해 차이를 상호 간에 잘못 접근하게 되면 우리 민족을 연구한다는 대의명제에도 불구하고 학문적 혼란이 언제든 증폭될 가능성이 존재한다는 것도 분명한 사실이다. 그러나 남북한 연구논점들을 상호 교류하는 과정에서 서로 간에 관점을 달리하는 부분들이 극복될 수 있을 것이며, 이러한 가운데 우리민족을 연구대상으로 하는 한민족사의 연구는 한발 앞서 나아갈 것이다. 이는 바로 우리민족의 통일이 가까워 졌다는 것을 의미하는 것이며, 남북한 학자들의 활발한 학술교류는 바로 통일을 앞당기는데 있어서 이론적 기반이 될 것이다.

그동안 백산자료원에서는 남북한 분단상황에서 북한에서 이룩한 고대사와 고고학의 연구성과를 남한학계에서 제대로 접하지 못한 것을 안타까워하다가 이번에 북한측과 출판 계약을 공식으로 체결하고 출판하게 되었다. 출판은 북한 사회과학출판사와 백산자료원이 출판 계약을 체결하게 됨으로서 이루어졌다. 출간 서적은 14종중 13종은 2003, 10,20,간행하였고 금번 장우진, 『조선민족의 원시조 단군의 유골 감정보고』와 1994년에 발행한 『단군과 고조선에 관한 연구논문집』에서 "단군릉발굴보고, 단군릉의 발굴정형, 단군릉에서 나온 사람뼈에 대한 년대측정 결과, 단군릉에서 나온 사람뼈의 인류학적 특징"과 『조선민족의 원시조 단군의 유골 감정보고』를 발췌하여 『단군릉의 발굴과정과 유물감정』으로 재편집하여 백산자료원에서 간행하게 되었다. 이번 출판이 남한학계의 학문적 활성화에 기여할 수 있는 계기가 될 수 있기를 믿어 의심치 않는다.

2008. 10

백산자료원 대표 **육 락 현**

• 목차

단군릉발굴보고

조선민주주의인민공화국
사회과학원 역사연구소 소장
교수, 박사 전영률

우리 민족의 원시조인 단군은 지금으로부터 반만년전에 오늘의 평양에 수도를 정하고 동방에서 처음으로 ≪조선(고조선)≫이라는 나라를 세웠다. 단군이 고조선을 세움으로써 우리나라에서 100여만년의 장구한 원시시대는 끝나고 우리민족은 국가시대, 문명시대에 들어서게 되었다. 그것은 실로 우리민족사에서 하나의 획기적인 사변이었다.

≪우리 인민은 반만년의 오랜 역사를 가진 인민이며 찬란한 문화를 가진 슬기로운 인민입니다.≫

우리민족의 반만년의 유구한 역사는 단군이 나라를 세운 때부터 시작되었다.

고조선의 건국시조 단군이 태어난 곳은 평양일대였다. ≪삼국유사≫와 ≪응제시주≫의 저자들은 단군신화를 전하면서 환웅(단군의 아버지)이 하늘에서 땅위에 처음 내렸다고 하는 곳인 태백산을 묘향상이라고 하였다. ≪팔역지≫에서는 묘향산의 박달나무아래에 단군이 태어난 석굴이 있다고 하였으며 ≪영변지≫에서는 묘향산의 향로봉 남쪽에 단군이 태어난 굴이 있다고 하였다.

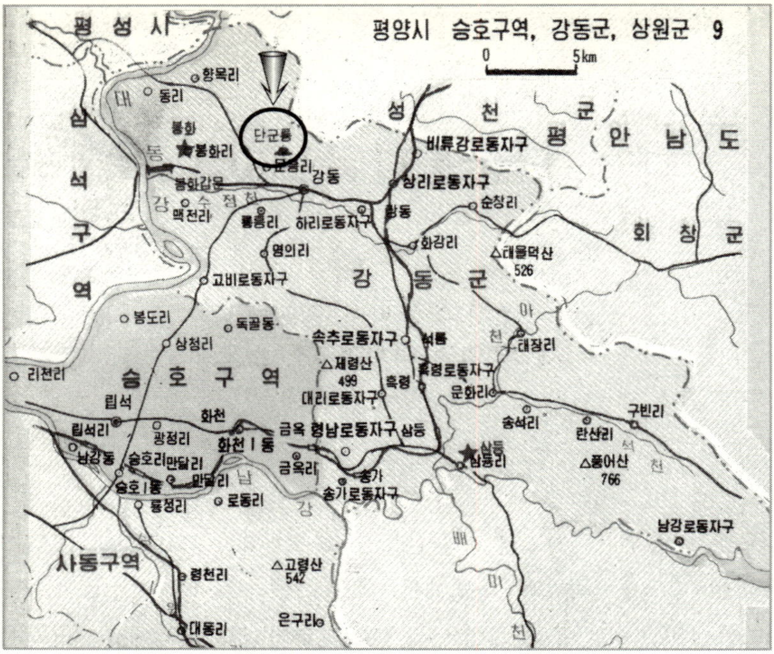

단군릉 위치도

단군은 오늘의 평양에서 나라를 세운 후 주변의 소국들을 통합하여 점차 영토를 넓혀나갔으며 이후 단군이 세운 고조선은 근 3천년 동안 존속하면서 멀리 중구의 만리장성계선까지 영역을 확장하고 아세아의 강대한 고대국가로 발전하였다. 단군이 죽어서 묻힌 곳도 역시 평양일대였다.

그러나 단군과 고조선의 역사는 지나날 사대주의자들과 일제어용사가들에 의하여 무참히 외곡말살 되어 정확한 해명을 보지 못하였다.

이러한 실태를 구체적으로 요해하신 위대한 수령님께서는 우리민족사를 주체적립장에서 정립하기 위하여서는 지나날 일제에 의하여 여지없이 말살된 단군과 고대조선의 역사부터 바로잡아야 한다고 간곡히 교시하시면서 단군의 무덤을 발굴한데 대한 귀중한 가르치심을 주시었다.

위대한 수령님의 교시를 높이 받들고 얼마 전에 사회과학원의 고고학자들은 단군릉에 대한 발굴사업을 진행하였다.

단군릉은 조선민족의 원시조인 단군의 무덤으로서 우리 인민의 반만년의 유구한 역사를 실증해주는 귀중한 역사유적이다.

현재의 단군릉은 평양시 강동군 강동읍에서 서북쪽으로 좀 떨어진 대박산의 동남쪽 경사면기슭에 자리잡고 있다. 대박산의 ≪박산≫(밝은 산)을 옛날에는 ≪박달≫이라고 하였는데 그것은 ≪박달임금≫을 가리키는 단군과 관련하여 생긴 것 입니다. 릉의 동북쪽에는 아달산이 있다. 이 아달산은 ≪삼국유사≫에 나오는 단군이 도읍을 정하였다는 ≪아사달≫과 관련되어 나온 이름이다. 릉의 앞에는 좀 넓은 벌이 있으며 그 맞은편에는 동서로 산들이 연달려있다. 벌의 중심부에서 남쪽으로 치우친 곳으로는 수정천이 동쪽에서 서쪽으로 흘러 대동강으로 들어간다. 릉맞은켠 수정천가에 림경대가 있는데, 이곳에는 단군의 발자국이 남아있다는 돌과 그의 관련한 전설이 전해지고 있다.

릉에서 서쪽으로 얼마 멀지 않은 곳에 ≪단군호≫라고 불리워온 호수가 있다. 그리고 단군릉이 있는 부락을 얼마전까지만 하여도 ≪단군동≫이라고 하였고 그 동쪽마을을 ≪아달동≫이라고 하였다.

단군릉은 돌로 쌓은 고구려양식의 돌칸흙 무덤이다. 반지하에 만들어놓은 무덤칸은 주검칸과 무덤안길로 이루어진 외칸 무덤이고 그 방향은 서쪽으로 약간 치우친 남향이다. 주검칸의 크기는 동서 273cm, 남북 276cm이며 바닥에서 천정고임 1단까지의 높이는 160cm이다. 주검칸의 바닥에는 두 개의 관대가 남북방향을 나란히 놓여있다. 벽체는 돌을 차곡차곡 쌓아 만들었으며 천정은 3개의 단으로 삼각고임을 하고 그위에 뚜껑돌을 덮은 것이다. 무덤안길은 주검칸 남벽의 한가운데에 냈으며 그 입구에는 막돌을 쌓아 막았다.

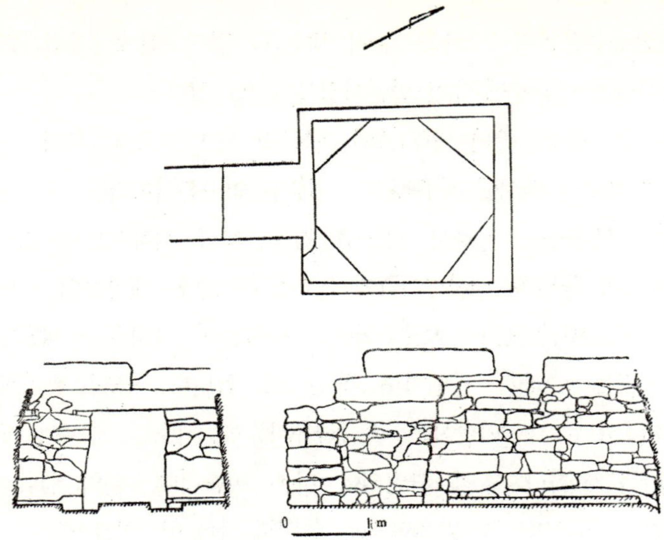

단군릉 무덤칸 실측도

이 무덤은 해방 전에 일본제국주의자들에 의하여 도굴되었으므로 이번 발굴에서는 유물이 많이 나오지 않았다. 그러나 가장 주목되는 것은 두 사람분의 뼈가 발굴된 것이다.

무덤에는 뼈가 모두 86개 나왔는데 주로 팔다리뼈와 골반뼈들이다. 그중 하나의 개체는 남자뼈이고 다른 개체는 여자뼈이다. 성별에 따르는 뼈감정은 골반뼈에 기초하여 진행하였다. 골반뼈에서 성별차이는 10살 때부터 나타나기 시작하여 성숙기에 이르러 가장 뚜렷해지는데 무덤에서 드러난 한쌍의 골반뼈에는 남자뼈의 특징이 두드러지게 나타났으며 다른 개체의 뼈에는 골반뼈가 없으나 그 밖의 여러 뼈에는 여자뼈의 섬약한 특징이 잘 나타나고 있다. 남자뼈는 주인공의 뼈이고 여자뼈는 주인공과 함께 묻힌 안해의 뼈로 인정된다.

골반뼈를 통하여 나이도 감정되었다. 골반뼈의 귀모양면과 치골결합면은 나이에 따라 예민하게 변해간다. 그에 의하면 남자는 오래 산 장수자였다고 인정되며 그와는 달리 여자는 비교적 젊은 나이로 추정된다. 남자의 뼈들은 길고 상당히 굵으며 키는 170cm 이상 정도였던 것으로 보인다.

사람의 키는 시대가 이를수록 작고 현시대로 내려올수록 커지는데 단군이 생존한 시기에는 일반적으로 남자의 키가 163cm를 넘지 못한 것으로 인정되고 있다. 따라서 이 무덤에 묻힌 남자는 당시로서는 키가 상당히 크고 체격이 웅장한 사람이었다고 볼 수 있다.

단군릉에서 나온 남자뼈에 대한 연대 측정도 진행되었다. 뼈의 연대는 현대물리학의 첨단기술의 하나인 전자상자성 공명법을 적용하여 두 개의 연구기관이 가지고 있는 현대적측정기구로 24회, 30회씩 각각 측정한테 의하면 지금으로부터 5,011년전의 것이라는 것이 과학적으로 확증되었다. 그 뼈는 다름 아닌 단군의 유골이다. 단군의 유골이 기나긴 기간 삭아 없어지지 않고 보존될 수 있는 것은 유리한 지층에 묻혀 있었기 때문이다. 유골은 석회암지대에 매장되어 있었고 매장되어 있던 지점의 토양은 뼈를 삭이지 않는 특성을 가지고 있었다. 석회암지대에선 토양가운데 석회암이 녹아서 형성된 수용성광 물질이 많기 때문에 뼈가 화석화 될 수 있는 가능성이 많다. 단군의 유골에서도 화석화되어 가고 있는 경향이 짙게 나타나고 있다.

수천년전의 오랜 무덤에서 뼈가 보존되어온 실례는 드물기는 하지만 우리나라의 다른 경우에도 여러곳에서 나타났다. 함경북도 회령시 남산리 검은개봉유적에서 나온 뼈는 그런 설례의 하나로 된다. 무덤에서는 사람뼈밖에 금동왕관앞면의 세움장식과 돌림띠 쪼각이 각각 1개씩 나왔다. 세움장식은 두껍게 금도금한 청동판으로 제작되었는데 윗부분은 복숭아씨 모양으로 생겼고 그 가운데에 구멍이 있으며 아랫부분의 양쪽은 곧게 되어있다. 돌림띠는 좁고 길쭉한 청동판인데 역시 두껍게 금도금한 것이다.

무덤에서는 또한 금동띠의 패쪽이 1개 나왔다. 장방형의 청동판인데 한쪽에 치우쳐 작은 구멍이 2개 뚫려있다. 본래 금도금하였던 것이나 지금은 대부분 벗겨져서 그 흔적을 알아 볼 수 있을 정도이다.

이밖에 주검칸에서는 여러개의 도기 쪼각과 관에 박았던 관못 6개분이 나왔다.

이 무덤앞에는 1936년에 ≪단군릉수축기성회≫가 유지들로부터 모은 기금으로 설치한 묘역시설이 있다.

무덤의 바로 앞에는 한자로 ≪단군릉≫이라고 새긴 무덤표식비가 있으며 그 앞에는 화강석을 잘 연마하여 만든 무게 2톤 200키로그람 되는 큰 상돌이 있고 무덤앞의 좌우에는 돌사자가 각각 1개씩 놓여있다. 상돌에서 8m 앞에는 ≪수호전≫이라고 불리운 정자각이 있었으며 그 동쪽에는 단군의 기적비가 있다. 비석의 높이는 191cm인데 앞면에는 한자로 단군의 업적을 찬양한 글이 새겨져있다. 비문에서는 단군을 거룩한 신인으로 묘사하면서 단군에 의하여 우리 선조들이 예의도덕을 갖춘 문명인으로 개명되었다고 높이 친송하였으며 단군은 중국의 3황 5제와 맞먹는 성인이므로 단군까지 합하여 4황 6제라고 하여야 한다고 하였다. 뒷면에는 우리 나라 글자로 단군릉의 수축경위가 간단히 적혀있다. 그에 의하면 일제의 강점초기에 많이 허물어진 단군릉의 수축공사문제가 1921년부터 제기되어 론의를 거듭하던 끝에 1932년에 ≪단군릉수축기성회≫가 조직되고 1936년에 수축공사가 완공되었다는 것을 알 수 있다.

단군이 실제한 인물이고 고조선의 건국시조이며 우리 선조들이 오랜 옛날부터 강동에 있는 단군릉을 실제했던 단군의 무덤으로 간주하고 제사지내 왔다는 것은 옛 문헌에도 명백히 기록되어 있다.

기원 3세기경에 편찬되었다고 추정되는 중국의 역사책 ≪위서≫에서는 ≪지나간 2천년전에 단군 왕검이란 이가 있어 도읍을 아사

단군릉기적비

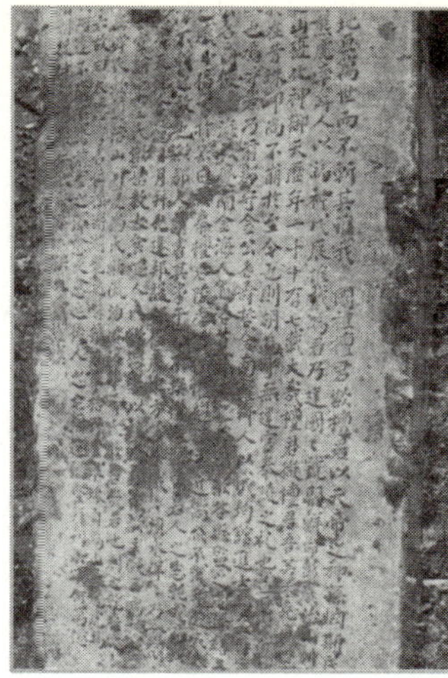

단군릉 기적비 앞면의 비문

달에 정하고 나라를 창건하여 조선이라고 불렀다≫고 하면서 단군이 고조선을 세웠다는 것을 밝혔다.

고려시기에 역사책인 ≪삼국유사≫에서는 단군을 고조선의 건국시조로 보고 ≪고조선≫이란 표제아래 ≪고기≫의 단군신화와 ≪위서≫의 단군기사를 소개하였고 ≪제왕운기≫에서는 우리 민족사의 첫머리에서 단군을 우리나라 개국시조로 보고 그가 ≪조선(고조선)≫을 세운 사실을 서술하였다.

1392년에 예조전서 조박은 ≪조선의 단군은 동방에서 처음으로 나라를 세운 임금≫이라고 하였고 학자 권근(1352-1409)은 ≪우리 동방에서 나라를 세운것은 단군의 조선으로부터 시작≫되었다고 하였으며 1412년에 예조에서 태종왕에게 올린 글에서 ≪단군은 사실 우리 동방의 시조≫라고 하였다.

≪단군조선≫의 역사가 정사에 처음으로 실린것은 ≪고려사≫(145년 편찬)부터였고 우리 민족사 서술을 ≪단군조선≫으로부터 시작한 것은 1484년에 편찬한 ≪동국통감≫부터이다. 그 후 이조 전기간

국사의 첫머리에서는 의례히 ≪단군조선≫에 대하여 서술하였으며 후대교육을 위한 역사교과서 들에서도 그렇게 하였다.

단군릉에 대한 문헌기록도 적지 않다. 강동에 있는 단군릉을 실재했던 단군의 무덤으로 명백히 기록한 첫 문헌은 1530년에 완성된 ≪신증동국여지승람≫이다. 거기에는 강동현에 2기의 큰 무덤이 있는데 그 하나는 현의 서쪽 3리에 있으며 둘레가 410자이고 민간에서 단군묘로 전한다고 씌여있다. 그것이 바로 이번에 발굴된 단군릉이다. 그리고 1626년에 편찬된 ≪강동지≫에도 이와 꼭같은 기록을 전하고 있다.

강동에 단군릉이 있다는데 대하여서는 ≪리조실록≫에도 여러군데에 기록되어 있다. ≪순종실록≫에는 1697년 7월 14일에 숙종왕이 강동의 단군묘와 평양의 동명왕묘를 해마다 수리할 것을 상주한 이인엽의 제의를 승인하였다고 씌여 있다. ≪영조실록≫에도 1739년 5월 23일과 1763년 4월 22일에 영조왕이 두차례에 걸쳐 평양감사에게 단군묘를 잘 보수관리할데 대하여 지시를 준 내용이 기록되어 있으며 ≪정조실록≫에는 1786년 8월 9일에 정조왕이 평양감사에게 단군묘를 순시한 다음 부근의 백성들로 묘지기를 정하고 강동원은 봄과 가을에 직접 묘를 돌아보는 것을 제도화 하도록 지시한 내용을 전하고 있다.

이것은 조선봉건 정부가 강동의 단군무덤을 중시하고 국가적인 관심속에서 보존관리하고 있었다는 것을 보여준다.

≪고려사≫ 지리지에는 강동현에 ≪박달곶촌≫이라고 하는 단군과 관련된 마을이 있다는 기록이 있다. ≪박달곶촌≫은 단군릉이 있었던데서 생긴 마을 이름으로 추정할 수 있으며 따라서 이것은 고려시기에도 강동에 단군릉이 있었다는 것을 전해주는 것이다.

이번 발굴과정에 무덤앞에서 고려시기의 유약을 바른 기와쪼각이 발견되었는데 그것은 고려시기에 그 무덤 앞에 제당이 있었으며 거기에서 제사를 지내었다는 것을 보여준다.

이 모든 것은 강동에 있는 그 무덤이 단군의 무덤이라는 것을 뚜렷이 증명해주고 있다.

단군의 무덤이 고구려무덤양식으로 되어 있는 것은 고구려시기에 그 무덤을 개축한 사정과 관련된다. 고구려사람들은 자기들의 시조인 동명왕과 함께 단군도 숭배하였다. ≪삼국유사≫의 왕력에 고주몽이 ≪단군의 아들≫이라고 기록되어 있고 ≪제왕운기≫에 고구려사람들을 단군의 후손이라고 씌여있는 것은 그것을 말해준다. 사실 고구려 사람들은 자기들을 고조선의 계승자로 자처하고 있었다. 때문에 그들은 단군릉을 자기들의 무덤양식으로 개건하였던 것이다.

모든 사실은 우리 선조들이 수천년간 단군을 조선역사의 첫 건국시조로 인식하여 왔다는 것을 말하여 준다.

그러나 우리 민족의 이러한 전통적 관념은 조선을 강점한 일제의 단군말살정책에 의하여 여지없이 짓밟히게 되었다.

일제는 옛 기록에서 전하는 단군조선의 건국년대가 저들의 허황한 건국신화에서 전하는 국가기원년대(기원전 660년)보다 근 1,700년이나 앞서게 되므로 단군조선에 관한 역사기록을 무시하고 단군조선을 말살하지 않고서는 ≪우수한≫ 야마또 민족이 ≪열등≫한 조선민족을 ≪동화≫시켜 지배해야 한다는 날강도적인 식민지 지배설을 합리화 할 수 없다고 생각하였다.

일제의 초대총독 데라우찌는 우리 역사에서 단군을 말살하기 위하여 경찰들을 동원하여 전국각지의 책방들과 개인집들을 샅샅이 뒤져 단군관계 역사책들을 비롯한 귀중한 우리 민족의 역사, 문화, 지리 책들을 수십만권이나 압수하여 불태워 버리는 천인공노할 만행을 감행 하였다.

일제는 유구한 우리 민족사를 저들의 역사보다 뒤늦은 것으로 만들기 위해 1915년부터 총독부 중추원에 조선사편찬 기관을 설치하였다. 일제는 역대 조선총독과 정무총감들의 직접적인 지휘밑에 ≪조선사편찬위원회≫를 조작하고 조직적인 조선사위조 행위를감행하였다.

교활한 일제는 ≪조선사≫를 ≪편찬≫함에 있어서 자료가 부족하다는 구실을 걸어 ≪단군조선≫의 역사를 빼버렸으며, 이마니시와 같은 역사위조의 명수들을 내세워 단군이 후세에 꾸며낸 신적존이며 실재한 인물이 아니라는 것을 애써 ≪논증≫하게 하고 단군이 신화적 인물이기 때문에 ≪조선사≫에 서술할 수 없다고 강하게 우겨대었다.

일제는 또한 단군을 말살하는데 장애가 되는 인물들은 설사 그가 일본인이라고 하여도 기차 없이 조선사편찬 기관에서 제거해버리었다. 이렇게 되어 ≪단군조선≫의 역사는 일제가 편찬한 ≪조선사≫ 제1편에서 제거되었으며 단군이 신화적인물, 허황한 존재라는 관념이 세상에 널리 퍼지게 되었다.

만일 우리 민족이 일제에게 나라를 빼앗기지 않았더라면 단군을 실재한 인물로, 고조선의 건국시조로 인식하여 온 조상전래의 전통적인 관념은 오늘날까지 고스란히 전승되었을 것이며 단군조선의 역사연구에서도 상당한 전진이 있었을 것이다. 그런데 우리 민족의 망국사는 나라잃은 민족은 조상도 잃게 된다는 피의 교훈을 남기었다.

단군릉이 발굴된 것과 때를 같이하여 언어학계에서는 단군시기부터 고조선에서 써오던 고유한 민족 글자가 있었다는 것을 밝혔다. 이것은 우리 민족이 고조선 시기부터 비교적 세련된 민족글자를 가지고 문화를 발전시켜 왔다는 것을 보여준다.

단군릉이 발굴되고 거기에서 단군이 유골이 나온 것은 거대한 역사적 의의를 가진다.

종전에 신화적, 전설적 인물로 간주 되어온 단군이 실재한 인물이었다는 것이 과학적으로 밝혀졌으며 이에 따라 우리나라는 실지로 반만년의 유구한 역사와 찬란한 문화를 가진 동방의 선진문명국 이었다는 것이 명백해졌다. 단군이 고조선을 창건하고 도읍한 평양이 산수 수려한 곳으로서 검은모루유적의 주인공과 ≪역포사람≫(고인), ≪만달사람≫(신인), 조선 옛 류형 사람으로 이어지는 인류발상지의 하나이며 조선민족의 발상지이고 첫 국가의 발생지였다는 사실이 힘 있게 증명되었으며 조선민족은 단군을 원시조로 하는 단일민족임을 떳떳이 자랑할 수 있게 되었다. 이런 의미에서 단군릉의 발굴과 단군의 유골발견은 우리 고고학의 승리이며 나아가서 조선민족의 큰 승리로 된다.

단군이 실재한 인물로 밝혀지고 단군조선 이래 조선민족이 단일한 민족으로 문화를 발전시키면서 꿋꿋이 살아온 사실이 확증됨으로써 단군의 후예로서의 우리 민족의 긍지와 자부심은 더욱더 높아지고 한 핏줄을 이은 7천만 동포들이 조국통일의 성업을 이룩하는 길에서 더욱 굳게 뭉쳐 싸울 수 있게 되었다.

단군릉 개전기념비

우리 민족의 운명을 우려하는 북과 남, 해외의 모든 동포들은 정견과 신앙, 재산유무의 차이를 초월하여 단군을 조상으로 하는 같은 민족이라는 물보다 진한 피의 동질성을 우선시하면서 외세에 의해 이 지구상에서 우리 민족만이 겪고 있는 분단의 비극을 조선민족의 넋, 민족애의 폭넓은 도량으로 끝장내는데 중요한 기여를 하게 될 것이다.

단군조선의 역사, 반만년의 유구한 역사와 문화를 되찾게 된 것은 전적으로 위대한 수령님께서 민족사연구에서 주체를 세워주신 현명한 영도의 빛나는 결실이다.

위대한 수령님께서는 우리 민족의 시조이며 민족적 넋의 상징인 단군을 실재한 인물로 찾아주시었을 뿐 아니라 우리 민족의 반만년 역사의 시조인 단군의 릉을 최상의 수준에서 개건하기 위하여 단군릉 복구위원회를 조직하도록 하였으며 국가적인 힘을 넣어 이 사업을 다그친데에 대한 현명한 조치를 취해주시었다.

단군릉이 개건되면 그것은 단일민족의 슬기와 자랑을 떨치는 귀중한 문화적재 보로 될 것이다.

우리 민족의 역사를 깊이 연구하고 빛내어야 할 우리 학자들은 어버이수령님의 숭고한 애국애족사상을 높이 받들고 수령님께서 마련해주신 주체의 방법론과 조선사연구의 방향에 기초하여 단군과 고조선의 역사를 연구하는데서 자기의 불타는 충성심과 창조적 지혜를 다 바쳐 일해나 갈 굳은 결의에 충만 되어 있다.

최근에 단군릉이 발굴되고 단군이 우리 민족의 건국시조로 확인되어 반만년의 유구한 민족사를 새롭게 해명하고 체계화할 수 있게 되었다. 이것은 참으로 우리 7천만 겨레의 크나큰 자랑이며 대경사이다.

지금 국내외의 모든 조선동포들은 단군을 자기의 건국시조로 되찾게 된데 대하여 환성을 올리고 있다.

≪우리 인민은 예로부터 환조상의 핏줄을 잇고 한나라땅에서 살아온 단일한 민족입니다≫

우리 민족은 반만년의 유구한 역사를 가지고 있는 자랑스러운 단일민족이라는 것을 밝히셨으며 해방후에는 애국가의 가사에 반만년의 오랜 역사를 가진 민족의 자랑을 담도록 하시고 중요한 회의보

고를 하실 때마다 조선민족은 유구한 역사를 가진 슬기롭고 용감한 민족이라는데 대하여 강조 하시곤 하시였다. 최근에는 역사학계에 단군연구를 심화시킬데 대한 영예로운 과업을 주시고 혁명과 건설을 영도하시는 그 바쁘신 가운데서도 시간을 내시어 단군연구 정형을 알아보시면서 귀중한 교시를 주시었다. 위대한 수령님께서는 1993년에 들어와서 만도 1월 8일에 단군릉을 발굴할데 대한 과업을 주신데 뒤이어 2월 16일과 3월 1일, 4월 25일과 8월 9일을 비롯하여 여러날에 걸쳐 단군유골의 년대 측정문제와 조선민족의 발원지, 첫 국가의 발생문제, 단군릉개건문제 등에 대하여 무려 20여 차례에 걸쳐 강령적 교시를 주시었다. 더욱이 9월 25일과 26일, 27일 그리고 10월 20일에는 친히 역사학자들을 부르시어 협의회를 여시고 단군 및 고조선과 관련한 역사적인 교시를 주시었으며, 단군릉이 있는 현지에 나오시어 단군 및 고조선 연구에서 우리 학자들이 해결하지 못한 문제들에 대하여 하나하나 명철한 연구방향을 주시었다.

단군 및 고조선 연구에서 확고히 틀어쥐고 나가야 할 방법론적 지침을 안겨주시고 역사학자들을 역사문제연구에서 주체성의 원칙을 관철할 수 있도록 손잡아 이끌어주시었으며 단군이 실재한 인물이라는데 기초하여 조선역사의 유구성, 조선민족의 단일성 문제를 밝혀주시면서 우리 민족문화 발생의 중심설을 천명하시었다.

단군 및 고조선과 관련하여 주신 교시는 단군과 조선역사 연구에서 새로운 전환의 계기를 열어놓은 강령적 지침으로 되며 단군과 고조선의 역사를 과학적으로 해명할 수 있게 한 등대로, 민족사 전반을 주체적으로 체계화할 수 있게 한 열쇠로 된다.

위대한 수령님의 교시는 무엇보다 먼저 단군 및 고조선 연구에서 역사학자들이 낡은 역사관의 구속에서 벗어날 수 있게 하여줌으로써 역사연구에서 새로운 전환을 가져올 수 있게 한 강령적 지침으로 된다.

고대사는 인류역사에서 첫 번째로 되는 계급사회, 노예소유자 사회의 역사이며 매개 민족의 역사에서 문명시대의 출발점으로 되는 첫 국가시대의 역사이다. 첫 국가의 형성기는 민족사의 유구성을 규정하는 이정표로 되기 때문에 고대사는 민족사의 체계화에서 가장 중시되는 시대사의 하나로 되어있다. 그럼에도 불구하고 지난 시기 우리 학자들은 낡은 역사관의 구속에서 완전히 해탈되지 못한 탓으로 이 문제의 중요성을 인식하면서도 과학적으로 정확히 해명하지 못하고 우리 민족사의 시조인 단군을 신화적 인물로 생각 하면서 반만년 역사의 시초자료를 요동에서 찾으려고 하였으며 요동에서 나온 유적유물에 기초하여 고조선의 건국기념을 기원전 10세기까지 소급할 수 있게 한데 대하여 만족하고 있었다. 이러한 견해는 조선반도보다 대륙지방이 문화적으로 먼저 발전하였을 것이라는 낡은 도시에서 출발한 것이었으며 단군을 신화적인 존재로 만들어 버린 역사적 경위를 따져보려 하지도 않고 단군에 대한 문헌기록이나 단군릉을 모두 가짜라고 인식한 비과학적인 태도에서 초래된 것이었다.

위대한 수령님께서는 우리 역사학계에 존재하고 있던 이러한 주체성 없는 견해의 잘못을 통찰하시고 고대사 연구에서 주체를 세울데 대하여 교시하시었다.

고대사연구에서 주체를 세운다는 것은 우선 단군 및 고조선 연구를 민족의 연구로 조선민족의 이익에 맞게 역사적으로 풀어나가도록 한다는 것을 의미한다.

단군문제를 과학적으로 해명 하는가 못하는가 하는 문제는 조선 고대사를 과학적으로 정립 하는가 못하는가 하는 중요한 문제인 동시에 조선인민의 민족적 자부심을 더욱 높여줄 수 있게 하는가 못하는가 하는 매우 중요한 문제이다.

위대한 수령님께서는 바로 단군문제를 이렇게 중요한 위치에 놓으시고 그것을 주체적 입장에서 해명하도록 현명하게 이끌어주시었다.

이 실재한 인물이고 단군조선이 우리 민족의 첫 번째 고대국가라는 것을 밝혀주심으로써 조선역사의 시점을 해명하는데서 근본적인 전환의 계기를 마련한 지침으로 된다.

우리 민족사에서 단군의 지위가 말살된 원인이 일제의 야만적인 동화정책에 있다고 보시고 우리 역사학자들에게 단군릉을 빨리 발굴하도록 이끄시었다.

위대한 수령님의 현명한 영도에 의하여 단군릉의 지위와 단군의 실체를 밝히는 역사적인 단군릉발굴사업이 진행되었으며 마침내 강동의 단군릉이 문헌기록대로 실재한 단군의 무덤이었다는 사실이 과학적으로 밝혀지게 되었다.

위대한 수령님께서는 단군릉발굴정형을 수시로 보고받으시고 유물가운데서 기본은 사람의 뼈이며 따라서 뼈감정을 신중히 하여 착오가 없도록 하여야 한다고 강조하시면서 사회과학원 고고학연구소에서 감정한 결과를 다시 다른 연대측정기관에서 최신형측정기구로 재감정하도록 조치를 취해주시었다.

단군뼈에 대한 연대측정에서 얻어진 수치 5,011±267은 바로 위대한 수령님의 이렇듯 세심한 가르치심과 따뜻한 배려에 의하여 얻어진 고귀한 결실이다.

비범한 예지로 밝혀주신 위대한 수령님의 현명한 분석에 의하여 단군이 실재한 인물이고 단군의 출생년도가 지금으로부터 5,000년경이라는 것이 확인되었으며 따라서 단군조선도 늦어서 기원전 3000년 기초에는 창립되었으리라는 것이 의심할 바 없는 사실로 증명되었다.

단군이 실재한 역사적 인물로 확증됨으로써 조선민족의 원시조를 찾게 되고 잃었던 반만년 역사를 밝힐 수 있게 되었으며 고대사연구에서는 근본적인 전환이 일어나게 되었다. 이것은 참으로 고고학의 승리이고 조선민족의 큰 자랑으로 된다.

단군 및 고조선과 관련하여 주신 위대한 수령님의 교시는 역사적으로 계승되어온 조선민족의 정치, 경제, 문화의 중심지문제를 뚜렷이 밝혀줌으로써 조선역사연구에서 근본적 전환을 가져온 지침으로 된다.

얼마 전까지만 해도 우리 학계에서는 요동지방이 조선반도보다 문화가 앞선 것으로 보았고 단군조선의 수도 왕검성도 요동지방에 있으며 단군이 죽어서 묻힌곳도 요동의 어느 지방이었다고 생각하고 있었다. 그리고 강동의 단군릉은 427년에 장수왕이 평양에 천도하면서 동명왕릉을 이개축할 때 함께 옮겨온 것으로 인정하였다.

이 견해는 역사적 사실과도 맞지 않으며 요동지방이 서북조선보다 문화가 앞선 것으로 보는 사대주의적 사관의 표현이었다.

강동의 단군릉에서 단군유골이 드러난 조건에서 단군의 출생지와 고조선의 수도, 민족의 발원지를 단군의 뼈가 있는 곳을 기준으로 하여 새롭게 고찰하여야 한다.

원래 우리 조상들은 죽은 후에 나서자란 고향땅에 묻히는 것을 하나의 풍습으로 여겨왔다. 그러므로 단군유골이 평양의 지척인 강동땅에서 드러난 사실은 단군이 평양지방에서 태어났다는 것을 보여준다. 그리고 역대왕조들의 왕릉들이 수도주변에 있으므로 강동의 단군릉과 가까운 평양지방에 단군이 세운 고조선국가의 수도가 있었던 것은 당연하다.

예로부터 뛰어난 인물은 산좋고 물맑은 곳에서 태어나는 법이며 국가와 수도는 토지가 비옥하고 문화가 발전하여 사람 살기 좋으며 군사적으로도 외적의 침입을 막는데 유리한 지대에 세워지는 것이 관례로 되어왔다.

대동강을 젖줄기로 하고 무연한 벌과 청산준령을 앞뒤에 끼고 있는 평양과 그 일대는 산수 수려하고 산세좋은 곳이므로 단군과 같은 위인이 태어날 수 있고 국가가 세워져 도읍할 수 있으며 민족이 기원할 수 있는 최상의 적지이다. 역사적으로 놓고 보아도 평양은 조선 옛 유형 사람들의 고자이었고 후기 고구려의 수도였으며 고려이래로 조선의 정치, 경제, 군사, 문화의 중심지의 하나로 되어 왔다.

단군은 바로 이 좋은 조건을 다 갖추고 있는 평양일대에서 태어난 여기에서 국가를 세우고 ≪조선≫이라는 국호를 명명하였으며 먼저 평양과 평양을 중심으로 한 서북조선일대를 개척하여 백성을 ≪교화≫하며 경제를 건설하고 문화를 창조하는 사업을 이끌었다. 그리고 다른 한편으로는 산성을 쌓고 국력을 강화한데 기초하여 내적으로 북방의 광활한 지대에로 세력을 확장하고 영토를 넓혀나갔으며 말년에는 왕위를 자기의 맏아들 부루에게 넘기고 건국시조로서의 다난했던 한생을 여기 평양에서 마쳤다.

이와 같이 평양이 조선인종의 발상지이고 단군의 출생지의 조선민족의 발원지이고 첫 국가의 탄생지라는 것이 밝혀짐으로서 조선민족사 발전의 중심지문제, 역사적으로 이어온 조선민족의 정치, 경제, 문화의 중심지문제가 독창적으로 해명되었으며 지난 시기 요동을 중심으로 역사를 고찰하던 견해가 타파되고 조선 고대사 연구에서는 새로운 전환이 일어나게 되었다.

단군 및 고조선과 관련하여 주신 위대한 수령님의 교시는 또한 조선민족이 단군을 원시조로 하는 단일민족이라는 것을 밝혀줌으로써 역사연구에서 새로운 전환의 계기를 열어놓은 지침으로 된다.

지난 시기에는 민족의 형성문제를 도식적인 원리에 맞추어 근대 부르죠아 민족형성에 대하여 많이 논하였다. 그리고 도식적인 민족이론에서 벗어난다고 할 때에도 대체로 한강토의 문화적 공통성을 중시하면서 고려시기에 민족이 형성된 것으로 이야기되어 왔다. 그러나 이 견해도 실제에 있어서 민족의 기본 징표로 되는 피줄과 언어를 기본으로 본것이 아니라 그밖의 경제, 문화적 공통성과 지역적 공통성 문제 등과 같은 부차적인 징표에 집착되어 있었다는 것을 말해준다.

위대한 수령님께서는 단군릉을 돌아보시면서 하신 교시에서 민족 특히 단일민족 형성문제에 대하여 새로운 독창적인 해명을 주시었다.

핏줄과 언어를 같이한 사회적 집단에게 있어서 국가의 창건은 민족형성의 주요한 계기로 된다.

그것은 국가가 권력기관으로서 동족들의 사회적 집단을 조직적으로 결합시키고 주민들의 정치, 경제, 문화생활을 지배계급의 의사에 맞게 의도적으로 끌고 가며 대외적으로 한 민족집단으로서의 자각을 가지도록 작용하기 때문이다. 이런 관점에서 보면 단군의 뼈가 나와 단군이 실재 인물이고 고조선 국가의 창건자라는 것이 확인된 것은 곧 단군을 시조로 하는 조선민족, ≪박달민족≫ 형성의 중요한 계기가 이루어졌다는 것을 확증하는 것이며 조선민족이 동방에서 첫 번째로 민족을 이룬 자랑스러운 민족의 하나라는 것을 말해준다.

단군조선의 창건시기가 기원전 3000년 기초경으로 되는 것이 바로 그것을 예증하여준다.

위대한 수령님께서는 이웃나라들의 역사적 경위를 분석하시고 조선민족은 단군을 원시조로 하는 단일민족이라는데 대하여 떳떳이 자랑할 수 있게 되었다고 뜨겁게 말씀하시었다.

조선민족의 발생에 대한 위대한 수령님의 독창적인 사상은 조선역사를 주체적으로 체계화함에 있어서 획기적 사변으로 된다.

단군조선역사, 반만년의 유구한 민족사를 되찾게 된것은 우리 민족의 큰 승리이다. 이 승리는 전적으로 위대한 수령님께서 민족사 연구에서 주체를 세우도록 우리들을 현명하게 이끌어주신 결과이다.

단군릉을 발굴하기 시작한 때로부터 귀중한 유물을 찾아내어 미해명문제를 성과적으로 해결할 때까지의 노정에는 비범한 예지와 해박한 지식으로 걸음걸음 우리 학자들을 손잡아 이끌어주신 어버이수령님의 현명한 영도와 고귀한 로고가 깃들어 있다.

위대한 수령님의 현명한 영도에 의하여 이룩된 이 커다란 성과는 우리 민족사를 주체적으로 체계화하는데서 근본적인 전환으로 되며 민족사연구에서 하나의 뚜렷한 이정표로 된다. 단군릉이 발굴됨으로써 지금까지 신화로만 취급되던 단군과 단군조선의 역사는 우리의 민족사에서 건국시조로, 첫 고대국가로 당당한 자리를 차지하게 되었으며 조선민족의 역사는 단군왕검으로 시작된 반만년의 유구한 역사, 투쟁과 착오로 빛나는 우리 인민의 자주의 역사로 빛나게 체계화될 수 있게 되었다.

이 성과는 또한 위대한 수령님께서 친히 밝혀주신 주체성의 원칙을 역사연구 전반에 구현하여 조선민족문화의 발상지와 중심문제, 고조선의 수도문제 등을 재평가하여 정확히 서술할 수 있게 하며 고고학분야에서 신석기시대와 청동기시대, 철기시대 등을 단군조선의 건국년대에 상응하게 바로 정립할 수 있게 한다.

단군 및 고조선 문제에서 얻은 성과는 또한 현실적으로 조선민족이 반만년의 유구한 역사를 가진 단일민족이라는 긍지와 자부심을 크게 높여줄 수 있으며 조국통일을 위한 투쟁에 7천만 동포들을 묶어 세움에 있어서도 커다란 의의를 가진다.

단군이 전체 조선민족의 원시조이고 오늘의 조선민족은 그의 후예라는 인식은 박혁거세와 동명성왕을 시조로 보는 지역적 한계성을 극복하고 전체 조선인민을 계급과 출신, 사상과 신앙의 차이에 관계없이 하나의 조상을 가진 단일 민족이라는 혈연적 동질성으로 더욱 친밀히 결합시키고 묶어 세울 수 있게 하며 이러한 민족적 감정은 오늘 해내외의 모든 조선동포를 민족 대단결의 기치아래 조국통일을 위한 투쟁에로 힘있게 고무추동하게 될 것이다.

단군릉의 발굴정형

사회과학원 고고학연구소 연구사
박사 부교수 박진욱

≪우리 인민은 반만년의 오랜 역사를 가진 인민이며 찬란한 문화를 가진 슬기로운 인민입니다≫

최근에 고고학자들은 단군릉을 발굴한 결과 강동에 있는 단군릉이 진짜 단군의 무덤이라는 것을 확증하였다.

단군릉은 평양시 강동군 강동읍에서 서쪽으로 좀 떨어진 대박산의 동남쪽 경사면기슭에 자리잡고 있으며 그 동북쪽에는 아달산이 있다. 대박산은 단군을 상징으로 ≪박달≫에서 유래된 것으로 인정되며 아달산은 ≪삼국유사≫에 나오는 단군이 도읍을 정하였다는 ≪아사달≫과 관련되어 나온 이름이다.

무덤이 있는 곳은 해방 전까지 ≪단군동≫이라고 불태워지고 있었다.

무덤의 앞(남쪽)에는 넓은 벌이 있으며 그 맞은편에는 산들이 동서로 연달였다. 벌의 남쪽으로는 수정천이라고 불리우는 작은 강이 동쪽에서 서쪽으로 흘러 대동강으로 들어간다. 지금 무덤이 있는 지면은 그리 높지 않고 앞의 벌이 내다보인다.

단군릉은 돌로 무덤칸을 만들고 그 위에 흙무지를 쌓은 돌칸흙무덤이며 주검칸(현실)과 무덤안길(연도)로 이루어진 외칸무덤이다.

무덤을 만들던 때의 땅표면에서 약 1m 파내려가서 무덤칸을 만든 반지하의 무덤이며 그 방향은 서쪽으로 치우친 남향이다.

주검칸의 평면은 남북길이 276cm, 동서길이 273cm로서 거의 네모형이며 바닥에서 천정의 삼각고임 1단 밑면까지의 높이는 160cm이다.

주검칸의 바닥은 약 20cm 깊이로 파고 거기에 돌을 깔고 흙을 덮어 다졌으며 그 위에 회죽을 발랐다. 바닥에는 관대를 남북 방향으로 나란히 놓이게 설치하였는데 역시 막돌로 쌓고 그 위에 회를 발랐다.

주검칸의 벽체는 막돌 또는 대충 다듬은 돌로 차곡차곡 쌓아졌는데 동서벽은 대체로 일곱돌기, 북벽은 아홉돌기로 쌓아올렸다. 벽면에는 본래 회죽을 두껍게 발랐으나 발굴당시에는 대부분 벗겨져서 무덤칸의 바닥에 떨어져 있었다.

주검칸의 천정은 3단의 삼각고임으로 만들고 그 위에 뚜껑돌을 덮은 것이었다. 고임돌은 두께 약 40cm의 3각형판석이다. 남쪽의 두 고임돌은 무덤안길의 천정돌위에 놓여있다.

남벽의 한가운데에 남쪽으로 무덤안길이 나있는데 너비 113cm, 길이 125cm, 높이 130cm이다. 무덤안길의 바닥에도 역시 돌을 깔고 흙을 덮어 다졌으며 그 위에 회죽을 발랐다. 무덤안길 어귀에는 남북으로 1m 가량 막돌을 쌓아올려서 입구를 막았다. 무덤안길의 양쪽벽 위에는 길이210cm, 너비 120cm, 두께 35cm의 천정돌을 덮었다.

이 무덤에는 본래 벽화가 그려져 있었다.

장지연의 문집인 ≪위암문고≫에는 다음과 같이 씌여 있다.

≪평안도 강동현 서쪽 3리에 큰 무덤이 있는데 둘레가 410자이며 민간에서 단군묘라고 한다. 몇해전에 일본 고고학자들이 그것을 팠는데 그 안은 모두 벽돌모양의 돌로 쌓았으며 네 벽에는 옛 선인과 신기한 장수의 모습이 그려져 있다. 그 모습이 완연하고 변하

단군릉복원도

1. 단군릉전경 2.단군릉원경 3. 단군릉석물

지 않았다.≫

여기에서 말한 ≪옛 선인≫과 ≪신기한 장수≫가 단군이었을 것은 짐작하기 어렵지 않다. ≪삼국사기≫에서드 단군을 ≪선인 왕검≫이라고 하였는데 그것과 ≪옛 선인≫과는 잘 통하기 때문이다. 고구려 벽화 무덤에는 선인, 신선을 그림 무덤이 더러 있는데 그것은 고조선시기의 그러한 전통을 계승하여 그린 것이다. 그런데 고구려벽화 무덤에는 선인, 신선마을 그린 벽화무덤은 없으며 모두 다른것이 주제로 되어있는 벽화에서 선인, 신선이 부차적으로 작게 그려져 있다. 이와는 달리 단군릉에서 ≪옛 선인≫과 ≪신기한 장수≫만이 네 벽에 그려져 있었던 모양인데 이것은 다른 고구려벽화 무덤들과는 다른 이 무덤의 특징이다. 이것은 이 무덤이 단군의 무덤인 것을 표현하기 위한데서 나타난 현상이라고 볼 수 있다.

발굴과정에 확인된 자료에 의하면 이 무덤은 그 이후에도 여러번 일본 제국주의자들에 의하여 파괴도굴 되었다. 그 과정에 그들은 단군을 묘사한 그 귀중한 벽화를 깡그리 없애 버리고 말았다. 결과 이번 발굴에서는 벽화의 흔적을 전혀 찾아 볼 수 없었다. 이것은 일본 제국주의자들이 단군을 말살하기 위하여 얼마나 미쳐날 뛰었으며 우리 민족문화유산을 얼마나 악랄하게 파괴약탈 하였는가를 잘 보여준다.

이 무덤이 해방전에 일본제국 주의자들에 의하여 잔악하게 파괴도굴되었으므로 이번 발굴에서 유물이 많이 나오지 않았으나 몇가지 주목되는 것이 있다.

첫째로, 두 사람분의 사람뼈가 나왔다. 뼈는 주로 팔다리뼈와 골반뼈이다.

둘째로, 금동관 앞면의 세움장식과 돌림띠 쪼각이 각각 1개씩 나왔다. 세움장식의 윗부분이 복숭아씨 모양으로 생기고 가운데에 구멍이 있으며 아래부분은 양쪽이 곧게 되어있는데 청동판에 두껍게 금도금한 것이다. 세움장식의 높이는 6.5cm, 윗부분의 너비 4.6cm이다. 돌림띠 쪽각은 좁고 길죽한 청동판인데 역시 두껍게 금도금하였다. 길이 8.7cm, 너비 1cm이다.

셋째로, 여러개의 패쪽을 연결하여 만든 금동띠의 한 개 패쪽이 나왔다. 6.4×5.7cm의 장방형 청동판인데 한쪽에 치우쳐 작은 구멍이 2개 뚫려 있으며 두께가 매우 얇다. 본래 금도금하였던 것이나 지금은 대부분 벗겨져서 겨우 그 흔적을 알 수 있는 정도이다.

넷째로, 쇠로 만든 관못이 관대위에서 6개체 분 나왔다. 모두 삭아서 꺾어지고 본래상태대로 남은 것은 1개도 없으나 대체적인 모습을 알 수 있다. 윗부분에는 직경 2~3cm의 삿갓모양의 대가리가 있으며 못의 직경느 7미리 정도이고 길이는 16cm 정도이다. 모두 빨갛게 녹이 쓸었는데 고구려 무덤에서 흔히 보이는 것이다.

다섯째로, 도기쪼각이 여러점 나왔다. 산깔은 모두 회색이며 그중의 하나는 아구리전이 수평이 되게 해바라진 것이다. 그릇살의 두께는 1cm이다. 아구리 부분으로 보아서 퍽 큰 단지였던 것을 알 수 있다. 그밖에 배부분에 손잡이가 붙어 있는 쪼각도 있으며 그물무늬가 찍혀있는 쪼각도 있고 줄을 돋쳐 새기고 손가락으로 꼭꼭 누른것과 같은 무늬를 새긴 쪼각도 있다. 한 쪼각에는 돋쳐진 줄이 두줄로 돌아간 것도 있는데 줄과 줄사이의 간격은 4cm이다. 구운 온도가 높아서 그릇이 매우 굳다.

단군릉의 짜임새와 거기에서 드러난 유물은 대체로 이와 같은데 이것으로 보아 이 무덤은 고구려 양식의 무덤인 것이 명백하다.

이 무덤 앞에는 1936년에 ≪단군릉수축기성회≫가 유지들로부터 모은 기금으로 설치한 묘역시설이 있다.

먼저 무덤무지의 정면 아래부분에는 높이 52cm, 너비 40cm의 판석들을 나란히 놓아 기단석으로 한것이 있다. 무덤무지의 양쪽측면과 뒷면에는 기단석이 보이지 않는다.

무덤무지 정면의 중심부앞에는 길이(동서) 115cm, 너비(남북) 98cm, 높이 26cm의 세멘콩크리트로된 기초시설이 있고 그 위에 길이(좌우) 86.5cm, 너비(앞뒤) 68cm, 높이 51cm의 므덤표식비의 받침돌(비대석)이 있다. 그 윗면의 한가운데에는 길이 41cm, 너비 19.5cm, 깊이 7cm 홈이 패여 있는데 그것은 물론 비몸을 꽂아 넣기 위한 것이다. 받침돌은 화강석으로 만들어졌는데 네 모서리에 상다리모양의 다리를 돋쳐 새기고 정면에는 한가운데에 아래로 향한 2개의 삼각형무늬, 그 양쪽에 2개의 반원무늬를 돋쳤으며 2개의 삼각형아래에는 꽃무늬를, 양쪽 반원무늬 밑에는 각각 고사리무늬를 돋쳐 새겼다. 측면에는 윗부분 가운데에 역시 2개의 삼각형무늬를, 그 양옆에 반원무늬를 새겼고 삼각형무늬 아래에는 꽃모양의 무늬를 돋쳐새겼다.

표식비 받침대의 기초 시설 앞에는 길이 90cm, 너비 30cm의 잘 연마한 화강석판돌이 놓여있다. 그 앞에는 길이 173cm, 너비 76cm, 두께 20cm의 판석을 두장 잇대여 놓은 기초시설이 있고 그 위에 제상돌을 놓았다. 제상돌은 길이(좌우) 171cm, 너비(앞뒤) 108cm, 두께 43.5cm이며 무게가 2톤 200kg이다. 그것은 4개의 받치개돌위에 놓여 있는데 받치개돌은 공의 위아래부분을 반듯하게 자른 것처럼 생겼다. 공의 배부분을 돌아가면서 약간 파내고 거기에 4개의 둥근 괴면무늬를 돋쳐 새겼다. 배부분은 직경 36cm, 높이 30cm이다.

제상돌 앞에는 향불대가 서있다. 6각으로 된 향불대에 짐승다리를 돋쳐 새겼다. 윗부분이 좀 깨여졌는데 남은 높이는 43cm이다.

제상돌 기초시설의 앞부분에 양쪽으로 구획돌을 놓았는데 길이 373cm, 두께 14cm의 매우 긴 통돌이다. 우측의 것은 끝이 약간 떨어져 없어졌다. 좌측 구획돌 끝에는 단면 8각형의 망주석 밑부분이 서있지만 우측에는 없다. 구획돌 앞의 양쪽에는 돌사자가 각각 1개씩 놓여있는데 대가리를 남쪽으로 돌리고 웅크리고 앉은 자세이다. 주둥이에서 꼬리까지의 길이는 70cm이다. 대석과 사자를 한데 붙여 조각하였는데 총 높이는 75cm이다.

상돌에서 8m 앞에 ≪수호전≫이라고 불리운 정자각이 서있었다.

정자각에서 동쪽으로 약 5m 되는곳에 단군릉기적비가 있다. 비석의 높이는 191cm, 너비 50cm, 두께 39cm이다. 앞면에는 한자로 단군의 업적을 찬양하는 글이 새겨져있는데 그것을 번역하면 다음과 같다.

전조선 단군 ○○략

삼가 생각건대 세상을 크게 교화하고 ○○거룩한 성인이 나왔지만 그 성인에게 작위를 봉할 줄 몰랐다. 거룩한 성인의 혜택은 하늘땅에 닿고 만대에 뻗쳐 끊기지 않았으니 그 분은 곧 우리나라 시조 단군이다.

단군은 천제의 자손으로서 이 땅의 백성○○을 민망히 생각하여 천지개벽이후 갑자년에… 태백산 박달나무(단목) 아래에 내려와… 천제의 지시를 선포하니 사람들이 그를 신인으로 여기였다. 무진년에 임금으로 추대되어 나라를 세우고 국호를 조선이라 하였다.

패웅이 명령하여 … 치산치수를 하고 백성들의 거주지를 꾸리게 하였으며 신교를 창설하고(인간세상의)366가지 일을 총괄하게 하였다. ○○○○○갑자에 아달산에 들어가 다시 천신으로 변하니 천하를 다스린지 해수로 1,017년이나 된다.

하늘같은 단군이여, 단군이 아니다면 정녕 단군이 아니라면 우리는 … 신세를 면치 못하였을 것이다.

우리나라를 예의지국으로 부르는 것은 전적으로 단군이 준 혜택이다. ○수염은 비록 옛 모습대토 더듬을 수 없지만 구슬○은 오늘까지도 흩어지지 않고 있으니(그의 모습은 더듬을 수 없으나 그가 남긴 업적은 지금도 남아있다는 뜻—역자 주) 관리를 두어 릉을 받드는 예법이 없어서야 되겠는가.

대체로 역대 우리 왕조 재야의 사대부와 백성들이 겨를을 내지 못하여 그런 것도 아니고 또 성의가 없어 그런 것도 아니었다. 오직 거룩한 신인의 지극히 큰 덕을 이름 지어 부르기 어렵기 때문인 것이다.

…

사람들의 지향이 이루어지고 거룩한 신인의 혜택이 더욱 새로워지리라 생각하면서 머리를 조아려 절하며 송가를 드린다.

훌륭하고 거룩한분 태어나니 ○○향기로워라. 그 덕은 하늘땅 합친 것 같고 그 빛발은 해와 달 같아라. 나라를 세우고 도읍을 정하여 동방을 다스리니 모란봉은 우뚝 솟아있고 대동강은 넘실거리누나. 이에 아침해 빛나는 나라로 불렀어라. 기강을 바로잡고

법을 세우니 높고 낮은 사람들 다같이 평화로워라.

…

임금다워라. ○돕고 본받아 하늘○○밝고 빛나는 공적을 이룩하였다.

그 공적 높고 커서 이름할 수 없기에 3황을 4황으로, 5제를 6제로 부틀 수 있으므로 ≪큰덕을 지닌 사람≫이라 하는 것이다.

수명과 명망, 지위○○호수속에 잠긴 룡의 흩날리는 수염은 비록 부여잡을 수 없지만 들판의 ○○진주는 저절로 릉을 이루었어라. 룡, 호랑이, 말이 앞뒤에 엎디기도 하고 서있기도 하며 홀을 쥔 문관과 검을 찬 무관이 좌우에서 호위하고 있구나. 살문은 높고 항각은 ○○○.

아달산은 무너지지도 이지러지지도 않아 전 시내 성인의 혜택은 세월이 흐를수록 더욱 뻗어만 가누나. 뒤사람들이 ○○○절하며 이 글을 새겨 송가를 드리니 억만년 길이길이 전하라.

조선건국 기원 4269(1936년) 병자년 9월 초하루

비문은 내용을 요약해보면 단군을 거룩한 신인으로 묘사하면서 단군에 의하여 우리 선조들이 예의도덕을 갖춘 문명인으로 개명 되었다고 높이 칭송하였으며 단군은 중국의 3황 5제와 맞먹는 성인이므로 단군까지 합하여 4황 6제라고 하여야 한다고 한 것이다.

비석의 뒷면에는 우리나라 글자로 단군릉의 수축경위가 간단히 적혀있다. 그에 의하면 일제의 강점초기에 많이 허물어진 단군릉의 수축공사문제가 1921년부터 제기되어 논의를 거듭하다가 1932년에 ≪단군릉수축기성회≫가 조직되고 그에 의하여 1936년에 수축공사가 완공되었다는 것을 알 수 있다.

이 무덤은 오랜 옛날부터 우리 선조들 속에서 단군의 무덤으로 전해져 내려온 무덤이며 ≪신증동국여지승람≫, ≪강동지≫, ≪조선실록≫에도 명백히 단군묘로 기록되어 있는 무덤이다. 그런데 그것이 이번 발굴에서 과학적으로 확증되었다.

단군릉에서 나온 뼈가 단군의 뼈인 것은 더 말할 것도 없으나 여기서 한 가지 문제로 되는 것은 그 무덤이 고구려양식으로 되어있는 것이다. 즉 고조선의 시조인 단군의 유골이 어떻게 되어 고구려식의 무덤에서 나왔는가 하는 문제가 제기된다.

단군의 무덤이 고구려무덤양식으로 된 것은 고구려시기에 그 무덤을 개축한 사정과 관련된다.

고구려 사람들은 자기들의 시조인 동명왕과 함께 단군도 숭배하였다. ≪삼국유사≫의 왕력에 ≪고주몽이 단군의 아들≫이라고 기록되어있고 ≪제왕운기≫에 고구려사람들이 단군의 후손이라고 씌여있는 것은 그것을 말해준다. 사실 고구려사람들은 자기들을 고조선의 계승자로 자처하고 있었다. 사실 고구려사람들은 자기들을 고조선의 계승자로 자처하고 있었다. 그러므로 그들은 오래된 단군릉을 보고 자기들의 무덤양식으로 개건하였던 것이다. 그때에 그 무덤은 굉장히 큰 것이었다. 조선시기까지도 무덤의 둘레가 410자 즉 무덤무지 한변의 길이가 30m였던 것을 고려하면 개건당시 무덤의 크기가 매우 컸던 것을 쉽게 짐작할 수 있다.

강동에 단군릉이 있는 사실은 단군이 죽은 곳이 평양이라는 것을 잘 말해준다. 고구려때에 그것을 개축하였다고 하여도 본래의 단군릉이 평양부근에 있었던 것은 의심할 바 없다. 이와 관련하여 ≪삼국사기≫의 기록은 그에 대한 사료적 근거로 된다. ≪삼국사기≫ 고구려 본기 동천왕 21년 기사에는 ≪평양은 본시 선인 왕검이 살던 곳이다. 혹은 왕의 도읍터 왕검이라고 한다.≫고 씌여 있는데 선인 왕검이 단군을 가리키는 것임은 잘 알려져 있는 사실이다. 단군이 살던 곳이 평양이고 단군의 도읍터가 평양이었으니 그가 죽은 곳도 평양이고 지금 단군릉이 있는 그 위치에 단군의 본래의 무덤이 있었을 것은 더 말할 것도 없다.

단군이 죽은 곳이 평양인 조건에서 강동에 단군릉이 있는 것은 매우 자연스러운 일이다. 시조왕의 무덤은 언제나 수도에서 그리 멀지 않은 곳에 만들었는데 그것은 우리나라 역대 왕조들의 실례가 잘 보여주고 있다. 그런데 강동은 옛날부터 평양에 속한 곳이었다. ≪고려사≫ 지리지 권58에는 ≪강동현은 인종 14년에 경기를 나누어 6개의 현으로 만들 때에…이 현을 만들었으며 현령을 두고 그대로 평양부의 소속현으로 하였다.≫고 씌여 있다. 이것으로 보아 강동은 이미 고려때에도 평양에 속해있었다는 것을 알 수 있다. 따라서 평양에서 죽은 단군의 무덤을 강동에 만든 것은 조금도 이상할 것이 없다.

단군릉이 발굴되고 거기에서 단군의 유골이 발견된 것은 커다란 역사적 의의를 가진다.

그것은 첫째로, 종전에 신화적, 전설적 인물로 간주되어온 단군이 실재한 인물이었다는 것이 과학적으로 밝혀졌으며 이에 따라 우리나라가 실지로 반만년의 유구한 역사와 찬란한 문화를 가진 동방의 선진문명국이었다는 것이 명백하여진 것이다.

둘째로, 단군이 죽은 곳과 따라서 그가 도읍한곳이 평양이었다는 것이 과학적으로 밝혀진데 있다. 종전에 우리는 단군이 죽은 곳은 요동지방이며 고조선의 수도 왕검성도 요동지방에 있었던 것으로 간주하였었다. 그러나 강동에서 단군릉이 발굴됨으로써 단군이 죽은 곳은 평양이고 고조선의 수도 왕검성도 요동지방에 있었던 것이 아니라 평양이었다는 것이 확증되었다. 이것은 인류발상지의 하나인 평양이 조선민족의 발상지이며 첫 고대국가인 고조선의 수도였다는 것을 보여주는 것으로서 평양의 유서 깊은 역사를 잘 말해준다. 이것은 우리 인민에게 높은 민족적 긍지와 자부심을 안겨주고 평양을 더 사랑하고 빛내어 나갈 의지를 높여준다.

이런 의미에서 단군릉의 발굴과 단군의 유골발견은 우리 고고학의 승리로, 조선민족의 큰 자랑으로 된다.

단군릉에서 나온 사람뼈에 대한 년대측정결과

사회과학원 고고학연구소 실장
준박사 김교경

단군릉에서 발굴된 사람뼈의 절대연대를 확증하는 것은 단군릉의 성격을 해명하며 고조선의 건국시조 단군을 실재한 존재로 보는가 안보는 가를 가늠하는데서 관건적 의의를 가진다.

≪우리 인민은 유구한 력사와 찬란한 문화전통을 가진 슬기로운 인민입니다.≫

지금까지 건설로만 전해오던 단군이 실재한 인물로 고증된 것은 우리 고고학의 큰 승리이고 나아가서 조선민족의 자랑이라고 하시면서 여러 차례에 걸쳐 단군과 고조선역사 해명에서 지침으로 되는 강력적 가르치심을 주시었다.

우리 민족의 반만년의 역사는 단군조선에서부터 시작되었다.

최근 우리의 연구 집단은 여러 가지 최신형측 정장치를 이용하여 견자상자 성공명 연대측정 방법으로 단군구덤에서 발굴된 사람뼈의 절대연대를 측정하였는데 그 년대는 지금으로부터 5,011±267년전(상내오차 5.4%)으로 확증되었다.

전자상자 성공명연대측정법의 원리는 둘리학부문에서 1944년에 발견된 이후 1980년대에 고고학과 지질학, 인류학과 고생물학 분야에서 연대측정방법으로 광범히 이용되고 있다.

이 방법의 우점은 우선 측정시료의 제한을 거의 받지 않으므로 뼈, 조가비, 산호초, 질그릇 등 고고학적대상시료는 물론 여러 가지 연대측정방법으로 광범히 이용되고 있다.

이 방법의 우점은 우선 측정시료의 제한을 거의 받지 않으므로 뼈, 조가비, 산호초, 질그릇 등 고고학적대상시료는 물론 여러 가지 연대측정대상들에도 적용할 수 있으며 시료의 양이 몇그람이면 충분하다는데 있다.

그 우점은 다음으로 측정한 년대값의 믿음성이 높으며 오차가 비교적 적다는데 있다.

현재 물리학분야에서는 전자상자성공명기에 전자계산기를 결합하고 상사-수상형변환기를 연결하여 측정기술을 최상의 수준으로 끌어올리고 있다.

지금 세계적으로 이 년대측정법은 고고학적유적유물들의 년대는 물론 지금으로부터 200만년전까지의 지질학적대상들의 년대도 많이 측정하고 있다.

이 연대측정법의 우점은 끝으로 측정년대의 범위가 비교적 가까운 년대로부터 먼 년대까지 측정할 수 있다는데 있다.

연구집단은 최신형연대측정설비로 서로 다른 기관에서 각각 24회, 30회에 걸쳐 단군뼈에 대한 연대측정사업을 진행하였다. 또한 우리나라에서 제일 오랜 구석기시대유적인 상원군 검은모루유적을 비롯하여 근 30여개 대상들에 대한 절대연대를 측정하여 역사연대 체계를 더욱 과학화하였다.

물리학에서 전자상자성공명현상을 전자스핀공명현상이라고도 한다.

전자스핀이란 전자의 제돌이(자전)를 의미한다. 즉 전자는 핵을 중심으로 궤도운동을 하는 외에 제돌이를 한다. 이 제돌이량이 바로 스핀량이다. 그러므로 전자는 일반적으로 스핀을 가진다고 말한다.

그런데 물질은 전자의 스핀이 쌍을 이루므로 서로 상쇄되어 자기적으로는 중성이다. 즉 물질은 쌍전자상태로 존재하게 되는 것이다.

만일 물질에 방사선과 같은 에네르기를 주면 쌍을 이루고있던 전자는 에네르기를 받아 여기되고 비쌍전자상태 즉 홑전사상태로 이행한다. 이 홑전자의 수는 쪼여진 방사선량에 비례한다.

그러므로 동식물체나 광물이 외부로부터 방사선을 받으면 받을수록 홑전자의 수는 많아지게 된다. 따라서 이 홑전자의 수는 물질이 지나온 시간으로 되는 것이다.

이 루적량을 방사선량으로(루적선량) 환산하고 그 물질이 묻혀 있던 곳에서 1년 동안 받은 방사선량(년간선량)으로 나누면 그 물질이 생긴 연대를 구하게 된다.

연대계산공식은 다음과 같다.

A = (KTDα + β + TDr) ÷ (c / KDα + Dβ + Dr + c)-①

연구집단은 이러한 원리에 기초하여 루적선량을 전자상자성공명장치로 측정하고 그 물질이 묻혀있던 곳에서 방사성물질이 내는 년간선량을 측정하여 단군뼈의 절대연대를 계산하였다.

우리는 실험을 간단히 하기 위하여 루적선량과 연간선량 측정에서 감마선량과 우주선량만 고려하도록 시료를 가공하여 측정하였다.

연대계산공식은 다음과 같다.

A = TDr + c / Dr + c - ②

측정결과에 의하면 단군뼈에서 총루적선량은 우주선을 고려하여 525.539렌트겐이고 단군릉안에서 년간선량은 우주선을 고려하여 104.87미리렌트겐이었다.

그러므로 단군이 출생한 연대는 지금으로부터 5,011±267년전이다.

단군뼈에서 루적선량을 측정하기 위하여 다음과 같이 시료를 가공하였다.

우선 뼈를 10g 취하고 뼈를 둘러싼 흙에서 나오는 알파선, 베타선, 감마선과 우주선의 영향가운데서 감마선과 우주선만을 고려하기 위하여 겉면을 2~5미리 정도 벗기였다.

알파선과 베타선은 주행거리가 짧기 때문에 이 깊이까지는 침투하지 못하였다고 볼 수 있다.

이렇게 준비한 시료를 자기제 절구에서 가루내고 열등분한 다음 거기에 코발트-60r선을 쪼임 하였다.

이 시료를 전자상자성공명기에서 측정하고 루적선량을 계산하였다.

연간선량은 방사성측정분야에서 흔히 쓰는 방사능측정기에 셈 장치를 결합하여 계기의 상대오차 1%의 정확도로 단군릉안의 흙에서 선량을 평가하였다.

한편 우리는 열형광선량계를 단군릉안의 흙에 묻었다가 연간선량을 평가하였는데 그 값은 방사능측정기에서 측정한 값과 별로 차이가 없었다.

단군뼈에 대한 연대측정값의 믿음성은 확고히 담보된다고 볼 수 있다.

그것은 우선 루적선량을 평가하는데서 현대적인 전자상자성공 명기가 이용되었으며 연간선량을 평가하는데서 특성을 개선한 선량계들이 적용되었다는데 있다. 현재 세계적으로 볼 때에도 전자상자성공명장치는 고도로 현대화되어 측정정밀도가 보장되고 있다.

그 믿음성은 다음으로 이 년대측정값이 통계학적으로 확고히 담보된다는데 있다. 측정값의 상대오차는 5.4%로써 적으며 95%의 믿음확률로 믿을 수 있다.

단군릉에서 나온 사람뼈의 절대년다가 5,011년이라는 것은 단군이 실재한 존재라는 것을 증명해주고 있다.

단군유골의 발견과 그 절대년대가 과학적으로 밝혀진 것은 단군이 지금까지 전해오던 전설적인물이 아니라 첫 고대국가 고조선을 세운 우리 민족의 원시조라는 것을 힘있게 확증하여주고 있다.

단군릉에서 나온 사람뼈의 인류학적특징

사회과학원 고고학연구소 실장
박사 부교수 장우진

≪우리 인민은 유구한 력사와 찬란한 문화전통을 가진 슬기로운 인민입니다.≫

사대주의자들에 의하여 외곡 말살되었던 고조선의 건국시조 단군과 단군조선의 력사를 바로 평가하시고 그 문제를 새롭게 정확히 연구할 수 있도록 연구 방향과 방도를 구체적으로 가르쳐주시었으며 모든 연구조건을 다 풀어주시는 크나큰 배려를 돌려주시었다.

위대한 수령님의 현명한 영도 밑에 이번에 새로 발굴된 단군릉에서는 고조선의 건국시조 단군과 그 안해의 유골이 나왔다. 릉의 묘실 안에는 감정결과 2개체분에 속하는 86개의 각종 몸뼈가 보존되어있었다.

그 가운데서 비교적 잘 보존된 42개는 단군의 뼈이고 12개는 그 안해의 뼈이며 나머지 32개는 그들의 쪼각뼈들이라고 본다.

뼈들은 원상대로 묘대위에 가지런히 놓여있지 못하고 한옆에 망탕 뒤섞어져 있었으며 머리뼈는 남아있지 않았다. 그것은 일제침략자들이 조선강점초기부터 여러 차례에 걸쳐 단군릉을 도굴하였기 때문이었다. 이 하나의 사실을 놓고도 일제침략자들이 단군 조선의 역사를 말살하기 위하여 얼마나 악랄하게 책동하였는가 하는 것을 잘 알 수 있다.

단군릉의 발굴정형을 보고받으시고 릉에서 드러난 유물가운데서 사람뼈가 기본이라고 하시면서 뼈에 대한 감정을 정확히 잘해야 한다고 가르쳐주시였다.

무덤에 묻힌 사람의 유골에 대한 인류학적연구는 대체로 두가지 목적으로 진행하게 된다. 그 하나는 무덤에 묻힌 사람의 개인식별, 다시 말하여 그가 누구인가 하는 것을 밝히자는데 있으며 다른 하나는 묻힌 사람을 통하여 그 시대 사람들의 인류학적 특징을 해명하자는데 있다.

이 릉에서 발굴된 2개체분의 유골은 릉에 묻힌 사람이 단군과 그의 안해라는 것을 밝혀주는 중요한 개인식별자료의 하나로 된다.

먼저 릉에서 발굴된 사람뼈의 성별에 대하여 간단히 보려고 한다.

유골에 대한 성별감정은 골반뼈와 몸뼈에 기초하여 진행하였다.

골반뼈에서는 성별차이가 10살때부터 나타나기 시작하는데 그것이 성성숙기에 이르러서는 결정적이라고 할 정도로 뚜렷해진다. 그것은 여성의 골반이 남성의 골반과 구별되는 기능을 수행하는 것과 관련된다. 여성의 고발은 임신하였을 때 태아를 받쳐주며 해산할 때 산도의 역할을 한다. 따라서 남성의 골반은 여성의 골반과 형태구조적으로 뚜렷이 구별된다.

릉에서 드러난 한쌍의 골반뼈는 두껍고 완강하게 생겼을 뿐 아니라 그 높이가 높고 폭이 좁으며 두덩뼈 아래 각 부위가 활동을 형성하지 않고 60° 이하의 각을 이루며 밸뼈볏은 두껍고 조잡하다. 그리고 밸뼈는 서로 멀리 떨어져 있는 것이 아니라 보다 수직에 가깝게 위치하며 닫힌 구멍은 높고 비교적 둥글다. 두덩뼈결합부의 높이는 높고 귀모양면은 납작하고 그 옆홈은 형성되지 않았거나 좁고 얇게 나타날 뿐이다. 이렇게 그 어느 면을 보아도 남성의 특징적인 모양이 한눈에 안겨온다. 따라서 그것은 의심할바 없이 남성의 유골에 속한다.

여자뼈의 성별감정은 그의 골반뼈가 남아있지 않는 조건에서 팔다리뼈로 진행하였다. 여자의 뼈는 크기가 상대적으로 작고 얇으며 뼈의 겉면이 고르롭고 힘살이 부착하는 부위의 뼈주름도 상당히 약하게 발달되어있다. 여자의 뼈가 하나같이 섬약한 것은 그들이 남성들보다 힘이 약하고 육체적부담이 적은데 기인된다. 그러므로 어려서부터 힘겨운 노동에 시달린 여성의 경우에는 그의 뼈에서도 남성들과 유사하게 투박하고 굳세어 보이는 특징이 나타나기도 한다.

단군릉에 묻힌 여성은 노동을 모르고 자란 귀족출신의 사람이었기 때문에 몸뼈 그 어느 부분에서나 섬약한 여성의 특징이 전형적으로 잘 나타난다. 이렇게 단군릉에는 그 릉의 주인인 단군과 함께 그 안해의 유골이 안치되어 있었다.

다음으로 단군릉에 묻힌 사람들이 몇 살까지 살았는가 하는 것을 보기로 한다.

사람의 뼈는 형태 구조적으로 고정불변한 것이 아니라 나이에 따라 부단히 변화하기 때문에 그 변화의 특징이 연령감정의 기초로 이용된다. 특히 성장기에 있는 사람의 뼈일수록 그 변화가 뚜렷하다. 이때에는 화골핵이 생겨났다가 그것이 점차 뼈로 변하는 과정, 뼈 끝부위에 있는 삭뼈가 뼈로 변화되기도 하고 뼈끝부위와 뼈줄기부위가 서로 융합되거나 그것이 퇴행적으로 변화되는 등 여러 가지 변화과정이 순차적으로 규칙성 있게 진행되기 때문에 성장기에 있는 사람의 나이는 상당히 정확하게 추정할 수 있다. 그렇지만 노년기에 들어선 유골에서의 나이감정은 그렇게 쉽지 않다. 이 시기에는 주로 머리뼈의 이음줄이 얼마나 융합되어 폐쇄되었는가 하는 것 등으로 연령을 감정하게 된다.

단군의 나이는 현재 잘 남아있는 골반뼈로 추정하였다. 골반뼈의 귀모양면과 두덩뼈결합면이 나이에 따라 상당히 예민하게 변화된다는 것이 밝혀진 이래 그것을 연령감정의 지표로 많이 이용하고 있다. 실례로 귀모양면에서는 20살로부터 60살까지의 나이를 대체로 5살 간격으로 규정할 수 있으며 두덩뼈결합면에서는 18～50살까지의 나이를 10단계로 구분하여 추정할 수 있다.

감정결과에 의하면 지의 나이를 10단계로 구분하여 추정할 수 있다.

감정결과에 의하면 단군은 당시로서는 아주 오래 산 장수자였다는 것이 명백하다. 그것은 골반뼈의 두덩뼈결합면과 귀모양면의 형태구조적변화에 있다.

다 아는바와 같이 두덩뼈결합면에서는 50살, 귀모양면에서는 60살까지의 나이에서만 나이에 따르는 형태구조적변화가 뚜렷하기 때문에 골반뼈로서는 그 이하의 나이만을 감정할 수 있다. 그런데 단군의 골반뼈에는 나이를 감정하는데 이용되는 매개 부위에서 최고 한계의 징표가 뚜렷이 나타나는 동시에 나이가 든 늙은이들에게서 볼 수 있는 특징도 있다. 그것은 골반뼈의 귀 모양면과 두덩뼈결합면에서 골절의 겉면이 붕괴되고 흡수되어 없어지는 현상이 넓은 면적에 나타나있다는데 있다. 따라서 단군은 아주 나이 든 늙은이로서 한 생을 마치었다고 말할 수 있다.

단군이 장수자였다는 것을 평가하는데서 반드시 염두에 두어야 할 것은 당시 사람들의 평균수명이다. 단군시대에는 성인남자의 평균수명이 세계적으로 40살에도 이르지 못하였다.

단군 안해의 뼈에서는 젊은 여성의 특징이 잘 나타난다. 그것은 많은 뼈들에서 뼈머리와 뼈끝이 분리되는 경향이 인정된다는데 있다.

다음으로 단군의 체계에 대하여 간단히 보려고 한다.

키는 팔다리뼈로 추정하였다. 그것은 키와 팔다리뼈가 일정한 비례관계에 있다는데 있다. *

* 트롯테와 그랫서의 키추정기준표(1958년)

1.22 × (넙적다리뼈 + 가는정갱이뼈) + 70.24 ± 3.18

1.22 × (넙적다리뼈 + 큰정갱이뼈) + 70.34 ± 3.24

2.40 × (가는정갱이뼈) + 80.56 ± 3.24

2.39 × (큰정갱이뼈) + 81.45 ± 3.27

2.15 × (넙적다리뼈) + 72.52 ± 3.80

1.68 × (웃팔뼈 + 자뼈) + 71.18 ± 4.14

1.67 × (웃팔뼈 + 노뼈) + 74.83 ± 4.16

2.68 × (웃팔뼈) + 83.19 ± 4.25

3.54 × (노뼈) + 82.00 ± 4.60

3.58 × (자뼈) + 77.45 ± 4.66

단군의 키를 다리뼈로 추정한데 의하면 171.3cm, 팔뼈로 추정한데 의하면 173.2cm였다. 따라서 그의 키는 170cm이상이였다고 말할 수 있다. 이것은 키의 분류에 의하면 큰 키의 범위에 속한다.

사람의 키는 시대의 흐름에 따라 점점 커지는 방향으로 변화한다. 시대를 거슬러 올라가면 갈수록 키는 점점 작아진다. 변화의 크기에서는 지역과 시대에 따라 차이가 있으나 그 변화의 방향은 어느 지역, 어느 시대에 있어서나 공통적이다. 최근 100년 동안에 10cm 정도로 키가 커진 민족도 드물지 않다.

우리나라의 경우에도 시대가 전진하는데 따라 키는 점차적으로 커졌다. 알려진 자료에 의하면 함경북도 서포항유적의 신석기시대사람은 키가 157.2cm였는데 그 유적의 청동기시대사람은 그보다 좀 늦은 시기의 사람의 경우에도 그들의 키가 중키의 범위를 벗어나지 못하며 중키가운데서도 작은 중키(160～164cm)에 속한다. 실례로 그 키가 함경북도 회령시의 검은 개봉유적주민은 163cm, 함경북도 라진시의 초도유적주민은 164.1cm, 함경북도 무산군의 범의구석유적 주민은 162.1cm였다. 그리고 그보다 퍽 후세에 속하는 고구려사람들의 키도 165∼168cm의 범위를 벗어나지 못하였다. 황해남도 안악군에 있는 고국원왕무덤, 자강도 시중군에 있는 로남리무덤, 평안남도 대동군에 있는 덕화리무덤 등의 자료가 그러하다.

또한 단군은 팔다리뼈가 길뿐 아니라 굵기도 하다. 따라서 단군은 당시로서는 키가 상당히 크고 체격이 웅장한 사람이었다고 인정된다.

단군이 나서자란 시기에는 충돌과 전쟁이 빈번하였다. 그는 원시대말에 평양일대에서 종족연합을 이루고 이웃 종족들을 통합하거나 정복하여 우리나라에서 첫 고대국가인 고조선을 세웠다. 따라서 단군은 뛰어난 군장으로부터 왕이 된 우리 민족의 원시조이다. 그런데 당시의 군장은 누구나 무사답게 웅장하고 건장한 체격을 지니고 있었다. 무사의 위용은 웅장하고 건장한 체격에 의하여 담보된다. 그러한 체격은 언제나 싸움에서 앞장에 서야 할 군장에게 있어서 안될 기본요소라고 말할 수 있다.

감정결과가 보여주는 바와 같이 단군은 당시 그 누구도 따를 수 없는 장대하고 단단한 체격의 소유자였던 것이다.

몸매를 규정하는 허리등뼈지수에 의하면 단군은 그 누구도 따를 수 없는 장대하고 단단한 체격의 소유자였던 것이다.

몸매를 규정하는 허리등뼈지수에 의하면 단군은 비록 나이는 많이 들었어도 허리가 곧바른 체형을 가지고 있었다. 3개의 몸매지수는 그의 체격이 조화롭고 균형이 잘 이루어지게 발달되어 있었다는 것을 말해준다.

끝으로 릉에 안치된 단군의 유골이 장장 5,000여년이 되도록 삭이 없어지지 않고 그렇게 잘 보존될 수 있는 것은 무엇 때문이었는가 하는 것을 보기로 한다.

그것은 한마디로 말하여 단군의 유골이 부패, 부식 및 풍화되지 않을 유리한 장소에 매장되어 있었다는데 있다. 그러한 매장조건이 보장되기만 하면 어떤 뼈든지 삭아 없어지기는 커녕 화석화되어 영구보존 될 수도 있다.

이 릉에서 단군의 유골이 오늘까지 보존될 수 있는 것은 첫째로, 그것이 석회암지대에 묻혀있었기 때문이라고 말할 수 있다.

단군릉은 우묵하게 침식된 석회암사이를 깊이 파고 그 암반우에 묘실을 만들어 놓았다. 따라서 릉에 묻힌 유골은 석회암속에 있는 가용성광 물질이 많이 용해되어있는 지하수나 물기의 침습을 계속 받을 수 있었다.

잘 알려진 바와 같이 최근에는 종전에 상상조차 할 수 없었던 까마득히 오랜 지층에서도 사람의 뼈들이 발굴되고 있다. 지어 200만 년을 헤아릴 정도로 태고연한 시대의 사람뼈가 보존될 수 있는 것은 그 뼈가 화석화 되었다는데 있다.

사람뼈와 화석화는 뼈속에 있는 유기질이 광물질로 교체되고 뼈속에 생긴 공간에 광물질이 채워져 돌처럼 굳어지는 현상이다. 석회암지대에 침수된 지하수는 석회암속의 가용성광물질을 용해시키기도 하고 또 용해된 광물질을 가라앉히거나 결정으로 만들기도 한다. 석회암이 녹아서 형성된 광물질이 많은 지하수나 물기가 계속 유골에 작용하게 되면 뼈세포속에서 광물질이 석출되어 거기에 채워지고 또 삭아 없어지는 빈자리에도 광물질이 들어가게 된다. 이러한 현상은 가용성광물질이 많이 포함된 지하수가 있는 석회암 지대에서 이루어진다. 세계적으로 인류화석이 석회암지대의 자연동굴이나 석회암바위 그늘 밑에서 발굴되는 것도 바로 그 때문이라고 말할 수 있다. 우리나라에서도 ≪력포사람≫, ≪만달사람≫, ≪승리산사람≫, ≪풍곡사람≫, ≪룡곡사람≫ 등으로 부르는 모든 인류화석들이 석회암 동굴의 퇴적층에서 발굴되었다.

따라서 단군의 유골이 아직까지 보존될 수 있는 것은 다름 아니라 가용성광물질이 많이 용해되어 있는 석회암지대의 토양속에 묻혀 있었기 때문이라고 말할 수 있다. 이 뼈에서도 일정하게 화석화과정이 이루어지고 있었기 때문에 뼈에 상대적으로 무겁고 두드릴 때 약간 쇠소리가 나는 경향이 인정된다.

이 릉에서 단군의 유골이 오늘까지 보존될 수 있는 것은 둘째로, 그것이 유골을 부식시키지 않는 토양속에 묻혀있었기 때문이라고 말 할 수 있다.

잘 알려진 바와 같이 5,000여년전에 해당하는 무덤에서 뼈가 남아 있는 것 자체는 조금도 신비스러운 현상이 아니다. 물론 흔히 볼 수 있는 것은 아니라고 하더라도 그렇게까지 희귀한 것도 아니다.

우리나라에서도 수천년전의 오랜 움무덤에서 거의 온전한 사람의 유골이 적지 않게 발굴되었다. 함경북도 회령시 남산리에 있는 검은개봉 유적에서는 자그마한 구릉성산지 한쪽 비탈면에서만도 정식발굴로 10여개체의 사람뼈를 찾아냈다. 그리고 그 맞은편 연길 소영자 유적에서도 사람뼈가 상당히 많이 발굴되었다는 자료가 전해지고 있다.

중국 황하중상류일대의 서안반파 유적에서는 백여개체에 달하는 사람뼈가 발굴되었다. 이것을 방사성동위원소 탄소14년대 측정법으로 절대년대를 추정한데 의하면 기원전 4300~3600년 전이라고 한다. 또한 시비리의 바이깔호부근에서도 쎄로보시기(기원전 3000년기)와 글라즈꼬보시기(기원전 2000년기)의 무덤이 수많이 드러났는데 거기에서도 수십개체의 사람뼈가 보존되어 있었다.

원시무덤에서 뼈가 잘 남아있는 경우는 대체로 두가지 매장조건과 관련되어 있다고 볼 수 있다.

그 하나는 조개무지에 무덤을 쓴 경우이고 다른 하나는 모래끼가 많은 사질토양에 무덤을 쓴 경우이다.

조개무지에 무덤을 쓴 경우에 뼈가 삭지 않고 남아있게 되는 것은 석회암지대와 같이 그 지대의 토양속에 가용성광물질이 많이 포함되어있는 물기가 있기때문이라고 말할 수 있다. 조개껍질도 물에 용해되는 가용성광물질을 가지고 있다. 물론 여기에 빗물이 잘 빠져 건조한 조건이 보장된다는 것도 관계된다. 여기에 비추어 보아도 단군의 유골이 남아있을 조건은 충분하다고 말할 수 있다.

사질토양에 무덤을 쓴 경우에 뼈가 썩거나 삭아 없어지지 않고 잘 보존된다는 것은 잘 알려진 사실이지만 찰흙층의 움무덤에서도 뼈가 남는 경우를 보게 된다. 그것은 검은개봉유적의 발굴에서 알려졌다. 찰흙층에 묻힌 2개의 움무덤에서도 뼈가 상당히 잘 남아있었다. 이러한 경우에 뼈가 남게 되는 것은 그 매장지점의 산도와 관련된다.

매장지점의 토양이 산성을 띄는 경우에는 비록 그것이 약산성이라고 하더라도 뼈의 무기질을 서서히 용해시키기 때문에 뼈조직이 보존되지 못하고 점차 삭아 없어지게 된다. 그런데 단군의 유골이 안치되어있는 릉안의 토양은 산성인 것이 아니라 뼈가 부식되지 않고 잘 보존될 수 있는 전형적인 중성토양이었다. 단군릉이 석회암지대에 자리잡고 있고 또 그 릉의 토양이 중성이었기 때문에 단군의 유골이 무려 5,000여년에 이르도록 보존될 수 있었던 것이다.

단군릉에서 유골이 나오고 그 유골에 대한 감정결과는 단군이 전설적이고 신화적인 인물이 아니라 실재한 역사적인물이라는 것을 말해준다.

그것은 우선 유골이 옛 문헌기록에 단군의 묘로 전해지는 릉에서 나왔다는데 있다. 단군이 실재한 역사적 인물이였기 때문에 그 릉에서는 유골이 나왔던 것이다. 그것을 기자묘의 실례를 들어 설명할 수 있다. 고려 숙종(1096년-1105년)때부터 평양에는 기자의 무덤이라는 것이 전해져 왔다. 그렇지만 그것이 가짜묘였기 때문에 전후에 그 묘를 파본데 의하면 거기에서는 주검을 놓는 그 어떠한 묘관시설도 없었으며 벽돌쪼각과 사기쪼각이 나왔을 뿐이다. 이것은 기원전 3세기말에 씌여진 ≪상서대전≫의 ≪기자전설≫, 다시말하여 ≪기자동래설≫이 꾸며낸 거짓이라는 것을 전하여 준다.

단군과 같이 실재한 인물의 묘에서만 묘관시설이 있고 또 묘대우에서 유골이 나올 수 있는 것이다.

단군과 같이 실재한 이물의 묘에서만 묘관시설이 있고 또 묘대우에서 유골이 나올 수 있는 것이다.

단군이 실재한 역사적인물이라는 것은 또한 그 유골이 수천년동안 보존될 수 있는 매장조건이 갖추어진 지역에 묻혀있었다는데 있으며 화석화되어가는 정도를 보아도 그 유골이 오래된 유골이라는 것을 말해준다는데 있다.

단군이 실재한 역사적인물이라는 것은 끝으로 단군이 오래 산 장수자였으며 무사다운 체격을 가진 사람이었다는데 있다.

단군에 대한 옛 기록들은 그가 오래 산 장수자였다는 것을 전해주고 있는데 현실적으로 단군의 유골도 당시로서는 보기 드물 정도로 오래 산 늙은이의 유골이라는 것을 보여준다. 그리고 단군은 세습적인 왕이 아니라 우리나라에서 처음으로 고대국가를 세운 우리민족의 원시조였기 때문에 그는 응당 무사다운 위용을 떨칠 수 있는 체격을 가지고 있었다고 볼 수 있다. 그런데 이 유골에 대한 감정 결과는 그가 웅대하고 완강한 체격을 가지고 있었다는 것을 보여준다.

따라서 단군릉에 안치되어 있는 남자의 뼈는 의심할 바 없이 단군의 유골이며 단군은 우에서 분석된 인류학적 특징을 가지고 있는 실재한 인물이었던 것이다.

『단군과 고조선에 관한 연구론논집』 1994.1.25. p.4~43

조선민족의 원시조 단군의 유골 감정보고

교수, 박사 장우진

1. 서문

최근에 우리 고고학자들은 평양시 강동군에 자리 잡고 있는 단군릉에 대한 발굴을 진행하였다. 단군릉에서는 사람의 유골과 함께 귀중한 유물이 발굴 되였다.

이 릉에서 나온 사람의 유골에 대한 종합적인 연구 결과에 의하여 지금까지 전설적으로만 알려 지고 신화적 존재로 여겨 오던 단군이 실재한 역사적 인물이라는 것이 과학적으르 밝혀지게 되였다. 이것은 우리 민족의 유구성과 단일성을 확증하는 데서 획기적인 의의를 가지는 사변으로 된다.

위대한 수령님께서는 반만년의 유구한 우리 민족사를 주체적으로 새롭게 정립하는데서 근본문제는 단군과 단군조선에 대한 문제라는 것을 깊이 헤아리시고 단군릉의 발굴을 친히 발기하시였으며 단군릉이 발굴된 다음에는 그 발굴정형을 보고 받으시고 이 릉에서 나온 유물가운데서 기본은 사람뼈라고 하시면서 사람뼈에 대한 연구 사업을 잘한데 대하여 세세히 가르쳐 주시였다.

단군의 유골이 반화석상태의 오랜 유골이라는 것과 함께 그 년대가 과학적으로 밝혀지고 이와 때를 같이 하여 고조선의 신지글자가 발견되었을 뿐 아니라 최근에는 B.C. 3000년기 초의 고조선의 국가적 성격을 전해 주는 새로운 유적유물들이 발굴됨으로써 우리 민족은 단군을 원시조로 하는 반만년의 유구한 역사와 찬란한 문화를 가진 단일 민족이라는 것이 움직일 수 없는 역사적 사실로 확인되었다.

우리 민족의 일대 경사이고 고고학의 큰 승리로 되는 단군릉의 발굴을 비롯하여 우리 민족사의 유구성과 찬란함을 누리에 자랑 떨칠 수 있게 한 모든 성과들은 숭고한 애국애족의 이념을 지니시고 우리 민족을 빛내어 주시려고 그토록 크나큰 심려를 기울이시는 령도와 로고의 결과이다.

단군을 원시조로 하는 우리 민족이 반만년의 유구한 역사적 기간 하나의 핏줄, 하나의 언어, 하나의 문화전통을 이어 오면서 끗끗이 살아 온 사실은 7천만 우리 동포로 하여금 그가 북에 살건 남에 있건 해외에 있건 정견과 신앙, 재산의 차이에 관계없이 민족분열의 비극을 끝장내고 조국통일을 위한 성전에 더욱 힘 있게 떨쳐나설 수 있도록 고무해 주고 있다.

2. 유골의 보존상태

단군릉에서는 고조선의 건국시조 단군의 유골과 함께 그 안해의 유골이 나왔다. 유골을 감정한데 의하면 묘실 안에는 두 개 체분에 속하는 86개의 각종 몸뼈가 보존되어 있었다. 그 가운데서 비교적 잘 보존된 42개의 뼈는 단군의 뼈이고 12개는 그 안해의 뼈이며 32개는 아주 잘게 깨여진 것이기 때문에 어느 부위의 뼈인지조차 알 수 없는 뼈쪼각 들이었다.

다 아는바와 같이 사람의 뼈는 모두 206개라고 말할 수 있다. 그것은 꼬리등뼈가 4~5개로서 일정하지 않고 손뼈의 종자골도 모두 다 있는 것이 아니기 때문에 뼈의 총개수가 정확히 고정되어 있지 않다는데 있다. 총 206개의 뼈 가운데서 머리뼈는 29개이고 몸뼈는

177개에 달한다. 그러므로 보존되어 있는 단군의 몸뼈는 겨우 23.7%에 지나지 않는다고 할 수 있지만 그래도 단군의 체격에 대하여 말할 수 있는 긴뼈들은 거의 다 남아 있다.

옛 무덤의 경우에는 유골이 아무리 잘 보존되어 있다고 하더라도 작고 얇은 뼈들은 워낙 취약한데다가 이미 시체가 부패될 때 심한 손상을 입었기 때문에 쉽게 삭아 없어지고 만다. 따라서 오늘까지 후세에 전해지는 경우가 드물다.

지난 시기에 일제어용학자들에 의하여 단군릉이 여러 차례 도굴되었기 때문에 뼈들이 원상대로 관대위에 가지런히 놓여 있지 못하고 한옆에 몽탕 뒤섞여져 있었다. 그리고 많은 뼈들이 부러지고 쪼개진 것도 릉을 도굴할 때 유골을 마구 짓밟거나 되는대로 다루었기 때문일 것이다. 특히 가슴 아프고 유감스러운 것은 사람의 유골 가운데서 가장 중요한 머리뼈가 없는 것이다. 머리뼈는 치밀질이 두껍고 해면질이 얇은데다가 그 해면질조차 뼈판 사이에 얇게 끼여 있는 이른바 판장 구조로 되여 있기 때문에 다른 뼈들과 달리 잘 삭아 없어 지지 않는다. 그런데도 단군릉에서는 몸뼈가 그렇게도 잘 보존되어 있는데 머리뼈는 고사하고 이발이 하나도 남아 있지 않다. 이것은 의심할 바 없이 머리뼈, 아래턱뼈와 함께 의도적으로 갔다 버렸다는 것을 의미한다. 고의적으로 가져갔거나 갔다버리지 않았으면 한개의 이빨도 남아 있지 않을 수는 없는 것이다. 이렇게 파렴치하고 무모한 행위는 단군릉을 도굴한 일제어용학자들에 의하여 강행되었던 것이다. 머리뼈가 도굴자들에 의하여 없어 지지 않았더라면 우리 민족의 원시족인 단군의 늠름하고 위엄 있는 생전의 모습을 능히 재현할 수 있었을 것이다.

단군의 뼈가운데서 남아 있는 것은 상박골, 척골, 요골, 수골, 견갑골, 쇄골, 골반골, 대퇴골, 경골, 비골, 족근골(거골과 근골), 추골(경추, 요추) 등이다. 여기에서 1개의 쇄골, 1개의 상박골, 1개의 요골과 척골, 2개의 경골은 거의 온전하게 잘 보존되어 있으며 2개의 대퇴골과 비골의 보존상태도 상당히 좋다.

그와 달리 단군 안해의 뼈는 그 보존상태가 좋지 못하다. 신체의 웃부분에서는 상박골과 요골, 견갑골, 신체 아랫부분에서는 대퇴골과 경골, 비골이 남아 있지만 그것은 대체로 골체 부분에 해당되는 것으로서 온전하게 보존되어 있는 것은 하나도 없다. 그렇지만 단군의 뼈나 단군 안해의 뼈가 그 정도로 남아 있는 것도 그것이 묻힌 년대로 보면 놀랄 만큼 잘 보존된 것이라고 말할 수 있다.

단군릉의 유골이 그토록 잘 보존되어 있는 것은 이 릉의 매장조건과 관련된다.

3. 릉의 매장조건

유골의 보존상태는 전적으로 매장지점의 특성과 관련된다.

단군과 그 안해의 유골이 오늘까지 보존될 수 있는 것은 첫째로, 그것이 부식되지 않을 토양속에 묻혀 있었기 때문이며 둘째로, 그것이 석회암지대에 묻혀 있었기 때문이라고 말할 수 있다.

사람의 뼈도 포함하여 생물체의 몸체나 조직이 없어 지지 않고 잘 보존될 수 있는 것은 그것이 굳고 든든한데 있다. 실례로 만문한 근육이나 내장기관과 같은 유기물질은 세균의 작용에 의하여 쉽게 분화된다. 세균은 생물체를 혐기성과정을 통하여 발효시켜 분해하고 조직을 액화한다. 발효과정에 잔유물로 되는 젖산이나 피로포도산과 같은 유기물이 확산되어 공기와 접촉하게 되면 다시 호산성세균에 의하여 산화된다. 탄소는 탄산으로, 수소는 물로, 질소는 질산염으로, 린은 린산염으로 변하는 식으로 되여 마지막에 무기물로 분해되고 만다.

그렇지만 뼈의 경우는 세균의 작용에 그렇게 민감하지 않다. 그것은 뼈의 조성상특성과 관련된다. 사람의 뼈는 근육이나 장기조직과 달리 유기물질이 겨우 15~20%정도이고 대부분은 무기염류(30~35%)로 되여 있다. 물론 물도 50%로써 근육이나 장기조직의 경우보다는 퍽 적다. 그리고 유기물질의 90~95%는 갖풀섬유이고 무기염류는 린산석회가 기본성분을 이루고 있는데 그것이 85%를 차지하며 기타 탄산석회(10%), 린산마그네시움(1.5%), 불화칼시움(0.3%) 등이 포함되어 있다.

따라서 뼈의 경우에는 세균의 작용으로 뼈속의 유기물질이 분해되는 경우에도 유기물질보다 더 많은 비중을 차지하는 무기물질이 린산염결정의 형태로 갖풀섬유사이에 침착되여 있고 미세한 바늘모양의 결정으로 갖풀섬유와 나란히 배열되어 있으며 지어 그 섬유들 사이에까지 들어 가 있기 때문에 뼈의 형태는 언제나 보존된다.

뼈는 굳고 든든하기 때문에 부패작용 뿐 아니라 물리적인 외력에 대하여서도 저항력이 강하지만 화학적인 작용에 대하여서는 생각외로 저항력이 아주 약하다. 약산이나 약알카리 용액은 물론 산소와 탄산가스를 포함하고 있는 비물에도 점차 녹아 없어지게 된다. *

* 만일 뼈가 화학적인 작용이나 생화학적인 작용에 예민하지 않고 저항력이 강하다면 현재 지표면이나 충적층에는 척추동물의 뼈와 이발이 쌓이고 덧쌓여 발을 옮겨 디딜 자리도 없을 것이다.

화산재가 쌓여 토양이 산성화된 지층에서는 유골이 남지 않으며 지어 조가비와 같은 굳은 것도 쉽게 삭아 없어진다는 것을 우리는 자주 체험하고 있다. 그렇지만 매장지점의 토양이 중성인 경우에는 화학적인 작용을 받지 않고 또 알카리성인 경우에도 세균의 번식이 억제되기 때문에 유골이 잘 보존될 수 있다.

잘 알려 진바와 같이 세계적으로는 물론 우리나라의 경우에도 수천년전에 해당하는 옛 무덤들에서 뼈가 남아 있는 경우를 종종 보게 된다.

우리나라 에서는 수천 년 전의 옛 무덤에서 사람의 유골이 적지 않게 발굴되고 있다. 고인돌무덤에서도 사람의 유골이 나오고 있으며 평양부근의 고조선시기의 옛 무덤들에서도 사람의 유골이 보존되어 있다. 함경북도 회령시 남산리에 있는 검은 개봉유적에서는 자그마한 구릉성산지의 한쪽 비탈면에서만도 정식발굴로 온전하게 보존되어 있는 10여개체의 사람의 유골을 찾아냈다.

중국 황하중상류일대의 서안 반파유적에서는 6000년전의 원시무덤에서 100여개체가 넘는 사람뼈가 발굴 되였으며 씨비리 바이깔호 부근에서도 신석기시대와 청동기시대의 옛 무덤이 수많이 알려졌는데 거기에서도 사람뼈가 잘 보존되어 있었다.

옛 무덤에서 뼈가 남아 있는 매장지점을 조사한데 의하면 그 매장지점이 조개무지이거나 모래끼가 많은 사질토양 뿐 아니라 찰흙층도 있었다. 조개무지와 사질토양에 뼈가 잘 남는다는 것은 이미 오래전부터 알려 졌으며 물기 있는 찰흙층의 움 무덤에서도 뼈가 고스란히 남아 있는 경우를 관찰할 수 있었다. 그것은 검은개봉 유적에서 볼 수 있었다. 여기에서 발굴된 10개의 움무덤 가운데서 2개의 움무덤은 전형적인 찰흙층에 무덤을 쓴 것이었다. 그리고 평양부근의 고인돌무덤과 돌관무덤을 찰흙층에 쓴 경우도 있었는데 거기에서도 뼈가 남아 있는 것을 볼 수 있었다.

이렇게 뼈가 남아 있는 오랜 무덤이 조개무지나 사질토양 그리고 찰흙층 등 각이한 토양조건에 묻혀 있었지만 거기에서 공통적인 하나의 특징은 매장지점의 토양에는 관계없이 그 지점의 산도가 하나같이 중성이거나 알카리성이었다는 데 있다. 중성토양은 화학적으로 안정하고 알카리성토양도 부패균을 억제하기 때문에 그러한 토양에 뼈가 묻힌 경우에는 그 뼈가 삭아 없어지거나 부패되지 않고 잘 보존된다. 물론 조개무지에 무덤을 쓴 경우에 뼈가 잘 남게 되는 데는 조가비가 탄산염류로 이루어 졌다는 것도 관계된다. 탄산염은 가용성광물질이기 때문에 그것이 물에 용해되어 뼈속에 침투되면 뼈를 돌처럼 굳어지게 하는 석화작용도 하게 된다. 그리고 사질토양에 무덤을 쓴 경우에 뼈가 잘 남게 되는 데는 그 토양이 대체로 건조해 있다는 것과도 관계된다. 이 두 조건을 고려하는 경우에도 언제나 무시할 수 없는 것은 토양의 산도이다.

이렇게 매장조건의 특성을 론하는 데서 중요하게 여기는 토양의 산도가 단군과 그 안해의 유골이 안치되어 있는 릉안에서는 뼈가 부식되지 않고 잘 보존될 수 있는 전형적인 중성이거나 약알카리성이였으며 그 주변은 석회암지대였기 때문에 토양이 알카리성을 띠고 있었다.

단군릉은 우묵하게 침식된 석회암사이를 깊이 파고 그 암반우에 묘실을 만들어 놓았다. 그리고 릉의 벽도 석회암돌덩이로 쌓았으며 천정돌도 큰 석회암판석 이었다고 한다. 따라서 단군의 유골은 마치도 석회암동굴에 묻힌 것이나 다름없었다고 말할 수 있다. 그러므로 단군과 그 안해의 유골은 가용성광물질이 많이 용해되여 있는 습기와 물의 침습을 계속 받을 수 있었다.

잘 알려 진바와 같이 석회암은 방해석과 같은 탄산염을 기본으로 하고 고회석과 그밖에 진흙물질, 규질물질, 산화철, 해록석이 좀 섞여 들어 가 이루어 진 퇴적암이다. 석회암에 있는 방해석과 고회석은 탄산염류의 광물질이기 때문에 물에 잘 녹는다. 그것은 석회암동굴에 종유석과 석순이 형성되는 것으로 보아 알 수 있다.

가용성광물질을 포함하고 있는 물이 석회암동굴의 천정에서 떨어질 때 탄산칼시움이 침전되어 바닥에서는 석순이 돋아나고 천정에서는 종유석이 생기게 된다.

석회암지대에 침수된 지하수는 탄산염류의 광물질과 같은 석회암속의 가용성광물질을 용해시키기도 하고 또 석순이나 종유석의 경우와 같이 용해된 광물질을 침전시키거나 결정을 만들기도 한다.

잘 알려 진바와 같이 뼈에는 공극이 많다. 뼈단위들이 층판 또는 작은 기둥모양으로 배열되어 있기 때문에 그 사이에 빈자리들이 많이 형성되어 있다.

만일 광물질이 포함되어 있는 지하수가 뼈조직의 미세한 공극에 흘러들게 되면 거기에서 탄산염류와 같은 광물질을 침전시키거나 결정을 만든다.

가용성광물질은 원래의 뼈조직에 형성된 공극에서 침전되거나 결정을 만들뿐 아니라 삭아 없어지는데 따라 새롭게 생기는 빈자리에도 침습해 들어간다. 이렇게 되여 유골은 돌과 같이 굳어지게 되면서 그 형태도 유지하게 된다.

이와 함께 석회암지대에서는 유골과 광물질사이의 자리바꿈도 진행된다. 유골과 자리바꿈을 하는 암석에는 각암, 니암을 포함하여 굵은 분사암, 사암도 있지만 거기에서 기본은 석회암이며 유골과 자리바꿈을 하는 광물로서는 류산염, 아류산염, 규산염, 산화물, 수산화물, 류화물, 염화물, 력청 등 많은 광물들을 들수 있지만 거기에서 첫자리를 차지하는 광물은 어디까지나 석회암의 주성분으로 되고 있는 탄산염류이다.

자리바꿈은 매우 복잡할 뿐 아니라 또 미묘하게 진행되기 때문에 그 정체가 아직 충분히 해명되지 못하였다. 그렇지만 이것이 분자의 수준에서 진행된다는 것은 명백하다. 유골에서 하나의 분자가 용해되면 그 자리에 가용성광물질의 분자가 교체되어 들어간다.

석회암지대에 있는 유골은 이 과정을 통하여 석회암화 되거나 또는 방해석으로 자리바꿈을 하게 되여 결국 화석으로 된다. 물론 이것은 수천 년 또는 만년단위의 오랜 세월을 거쳐 서서히 진행된다.

단군과 그 안해의 유골은 약알카리성의 영향으로 부패균의 작용을 적게 받고 중성토양속에 묻혀 화학적으로 안정하였는데 다가 가용성광물질의 침투와 자리바꿈과 같은 두개의 과정을 통하여 점차적으로 화석화되어 가고 있었기 때문에 본래의 형태를 그대로 유지하면서 무게가 무거워 졌으며 가볍게 두드릴 때 약간 쇠소리가 나는 경향이 인정된다.

단군과 그 안해의 유물은 아직 5000여년밖에 묻혀 있지 않았기 때문에 완전히 화석화되었다고는 말할 수 없다. 단군의 뼈와 같은 유골은 반화석 상태에 있는 준화석이였다고 말할 수 있다.

이렇게 화석화과정에 있는 유골은 삭아 없어 지지 않기 때문에 영구 보존될 수 있다.

세계적으로 인류화석이 석회암지대의 자연동굴이나 석회암바위그늘 밑에서 발굴되는 것도 바로 그 때문이라고 말할 수 있다. 우리나라에서도 ≪력포사람≫, ≪만달사람≫, ≪승리산사람≫, ≪풍곡사람≫, ≪룡곡사람≫ 등으로 부르는 모든 인류화석들이 석회암동굴의 퇴적층에서 발굴되였다.

그뿐 아니라 수천 년 전의 옛 무덤들에서도 그 무덤의 돌관을 석회암판석으로 한 경우에는 유골이 잘 남는다.

최근에 사회과학원 고고학연구소에서는 단군의 유골이 발굴된 그 인접 지역에서 많은 옛 무덤을 발굴하였다.

강동군일대는 많은 지역이 단군릉이 자리 잡고 있던 강동읍과 마찬가지로 석회암지대이다. 이 지역의 고조선사람들은 주변에 흔한 석회암에서 판석을 떼 내어 돌관을 만들었으며 머리를 남쪽경사지에 향하게 놓고 굴신장으로 주검을 묻었다. 이 무덤들에는 아직까지도 유골이 잘 보존되어 있었다.

석회암지대에서는 유골이 잘 남는다는 것을 보여 주는 이 발굴자료 하나만 놓고 보아도 단군릉과 같은 옛 무덤에서 유골이 발굴되는 것은 절대로 신비스러운 현상이 아니라는 것을 말해 준다.

유골의 보존문제와 관련하여 우리나라의 자연기후적조건과 토양조건 또 매장풍습상 특성을 말하면서 3000년전 이전의 옛 무덤에서 유골이 남지 않는데 단군의 유골이 과연 보존될 수 있겠는가 의문

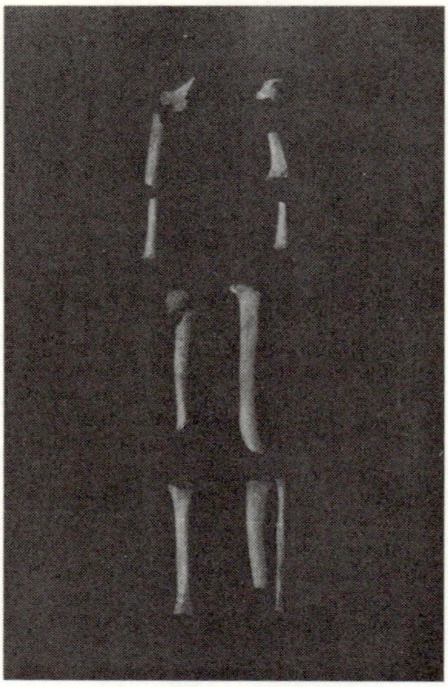

단군의 안해 유골

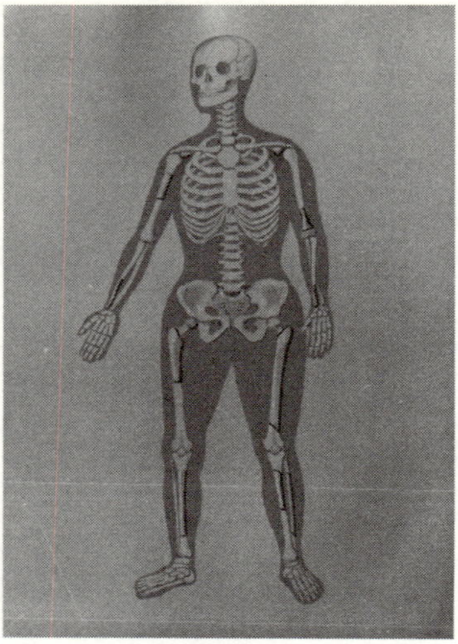

단군의 안해 유골 복원도

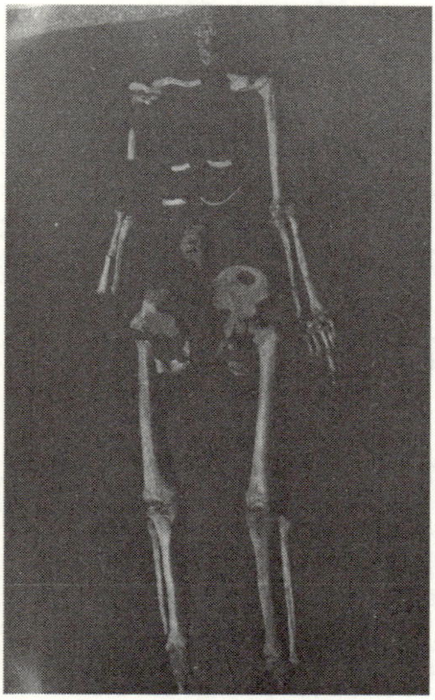

단군의 유골

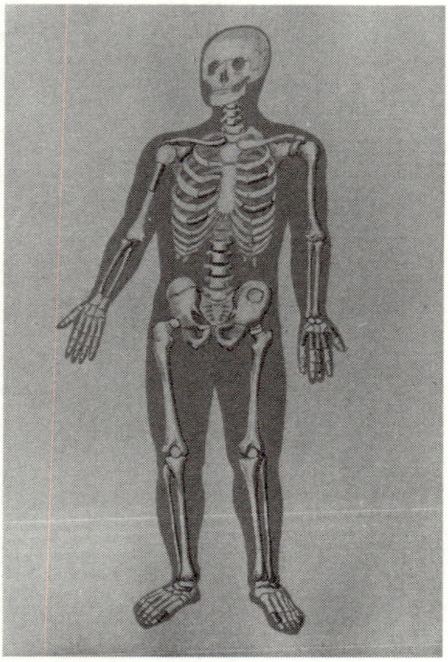

단군 유골 복원도

시하는 사람들이 일부 사가들 가운데 있다고 하는데 이것은 자신의 무식을 드러낸 것 뿐 이라고 확신성 있게 말할 수 있다.

우에서 본 것과 같이 단군과 그 안해의 유골이 방해석이나 고회석과 같은 가용성광물질이 많이 용해되어 있는 석회암지대의 토양속에 묻혀 있었기 때문에 오늘까지 보존될 수 있었던 것이다.

4. 유골의 성별관계

릉에서 나온 유골은 형태학적특징과 크기 그리고 뼈에서 나타나는 연령적 변화의 특성에 따라 개체로 뚜렷이 구별된다. 또한 개체수를 결정하는데서 특히 참작하게 되는 장관골의 관절부위들은 깨여 졌거나 부러 진 토막뼈의 경우도 그 개수가 2개체분을 넘지 않는다.

우에서 든 여러가지 특징에 따라 명확히 갈라지는 두 개체분의 유골에 대한 성별감정을 진행하였다.

유골의 성별감정은 골반뼈와 팔다리뼈에 기초하였다. 한개체에만 골반뼈가 보존되어 있었다.

잘 알려 진바와 같이 골반뼈에서는 성적차이가 10살 때부터 나타나기 시작하는데 그것이 성성숙기에 이르러서는 결정적이라고 할 정도로 뚜렷이 형성된다.

릉에서 나온 한 쌍의 골반뼈는 두껍고 완강하게 생겼을 뿐 아니라 그 형태학적특징의 어느 면을 보아도 남성의 특징적인 모습이 두드러지게 나타난다. 실례로 골반뼈는 높이가 높고 그 너비가 좁으며 치골하각(아래각)부위는 궁형을 이루지 않고 60°이하의 각을 형성하였다. 그리고 장골즐은 두껍고 조잡하며 페쇄공은 높고 비교적 둥글며 이 상면은 납작하고 옆홈은 형성되지 않았다. 따라서 이 골반뼈는 남성의 골반뼈이다.

다른 한 개체의 성별감정은 그의 골반뼈가 남아 있지 않는 조건에서 팔다리뼈로 진행하였다.

여자의 뼈는 크기가 상대적으로 작고 얇으며 뼈의 겉면이 고르롭고 근육이 부착하는 부위의 기복(주름)도 상당히 약하게 발달되어 있다. 여자의 뼈가 하나같이 섬약한 것은 그들이 남성들보다 힘이 약하고 육체적부담이 적은데 기인된다. 그러므로 어려서부터 힘겨운 로동에 시달린 여성의 경우에는 그의 뼈에서도 남성들과 류사하게 투박하고 굳세어 보이는 특징이 나타난다.

다른 한개체의 유골에서는 그 어느 부분에서나 섬약한 여성의 특징이 전형적으로 잘 나타난다. 오래전시대의 사람이였다고 하더라도 단군의 안해는 로동을 모르고 자란 귀족가문의 여성이었기 때문에 그의 유골에서도 여성적인 특징이 잘 반영되여 있었던 것이다.

이렇게 단군릉에는 남성인 단군과 여성인 그 안해가 안치되어 있다.

5. 단군의 나이

유골의 형태학적특징에 기초하여 단군과 그 안해가 몇 살까지 살았는가 하는 것을 알 수 있다. 그것은 사람의 뼈가 형태 구조적으로 고정 불변한 것이 아니라 나이에 따라 부단히 변화한다는데 있다. 특히 성장기에 있는 사람의 뼈일수록 그 변화가 뚜렷하다. 이 변화의 특징이 년령 감정의 기초로 이용된다.

단군릉에서 나온 유골의 나이는 여러가지 징표들을 종합적으로 참작하여 추정하였다. *

* 화골핵의 발생, 화골핵의 골화, 골단연골의 화골, 골단과 골간의 융합 및 퇴행성변화 등은 젊은 사람의 나이를 추정하는데서 효과적이다. 그와 함께 두개골봉합선의 상태, 이발의 마모정

도, 치수강의 길이와 너비, 치골결합면과 골반뼈이상면의 상태, 로인성변화와 관련된 골송조증(osteoporosis)도 나이를 추정하는데 많이 리용된다.

잘 알려 진바와 같이 치골결합 면에서는 50살까지, 골반골의 이상면에서는 60살까지의 나이를 추정할 수 있는데 단군의 유골에서는 그 나이의 특징이 이미 형성되어 있었다. 그리고 로인성 변화와 관련된 골송조증도 인정된다. 이러한 특징들을 총괄하여 볼 때 단군은 당시로서는 아주 오래 산 장수자였다고 말할 수 있다.

여자의 뼈에는 젊은 여성의 특징이 두드러지게 나타난다. 그것은 골단부와 골간부가 완전히 융합되지 않았고 골단연골이 아직 남아 있었다는데 있다.

6. 몸뼈의 인류학적특징

옛 무덤에서는 몸을 지지하고 보호하며 공간에서 운동을 보장하는 골격만이 후세에 전해진다. 유골이라고 부르는 사람의 잔해가 그 무덤주인공의 인류학적 특징을 밝혀 준다.

해부학적으로는 사람의 골격을 동체골, 상지골, 하지골, 두개골로 구분하여 체계화하고 있지만 옛 무덤의 유골인 경우에는 후세에 전해지는 자료가 제한되어 있기 때문에 해부학적체계에 관계없이 보존 상태에 따라 유골을 분석하기도 한다. 잘 보존된 유골부터 그 특징을 밝히려고 한다.

1) 상박골

쌍을 이루고 있는 88개의 상지골 가운데서 가장 크고 대표적인 상박골이 단군릉에서는 4개가 나왔다. 이 가운데서 단군의 왼쪽상박골은 거의 온전하게 보존되어 있으며 나머지 3개는 크지 않은 쪼각들이다.

단군의 오른쪽상박골은 그 길이가 76㎜밖에 안 되는 골간부의 쪼각이며 단군안해의 상박골도 보존상태가 좋지 못하다. 왼쪽 상박골은 99㎜정도밖에 되지 않는 하단부쪼각이며 오른쪽 상박골은 162㎜정도의 골간부쪼각이다.

단군 상박골의 특징을 잘 보존된 오른쪽 상박골에 기초하여 밝히게 된다.

상박골의 길이가 단군은 336㎜이다. 이것이 현대조선사람은 평균 304.1㎜이기 때문에 단군은 상박골이 상당히 긴 사람이었다고 말할 수 있다.

상박골의 길이(㎜)

징 표	단군(왼쪽)	현대조선사람(남자)	
		왼쪽(N=62)	오른쪽(N=10)
(1)제일 긴 길이	336	304.1	305.2
(2)총 길이	331	299.1	301.2

단군은 상박골이 제일 긴 길이 뿐 아니라 그것의 생리적길이에 해당되는 총길이역시 현대조선사람의 그 징표보다 다같이 32㎜정도 더 길다. 이러한 크기는 현대조선사람에 비추어 보면 팔이 아주 긴 사람의 경우에서나 볼 수 있는 것이다.

단군의 상박골은 길이가 길뿐 아니라 그 길이에 대응되게 너비도 넓고 두께도 두껍다. 그것은 상박골의 여러 부위에서 계측한 너비와 두께, 그리고 둘레에 반영되어 있다.

※ 사람의 몸뼈 특히 장관골에서 너비는 횡경, 두께는 전후경에 해당된다. 따라서 이 두가지 단어를 다같이 쓰기로 한다.

상박골의 너비와 둘레

징 표	단군 (오른쪽)	현대조선사람(남자)	
		왼쪽(N=62)	오른쪽(N=10)
(3)웃골간부 너비	57.8	51.6	51.4
(4)아래골간부 너비	64.3	60.2	61.2
(5)골간부가운데 가장 큰 너비	26.4	21.9	22.4
(6)골간부가운데 가장 작은 너비	23.8	17.6	17.8
(7)골간부가운데 가장 작은 둘레	145.2	132.0	132.4

상박골의 여러부위에서 계측한 너비와 두께, 그리고 둘레에 반영되어 있다.

단군의 상박골은 골간부의 웃너비와 아래너비가 각각 57.8㎜와 64.3㎜인데 이것은 현대조선사람의 평균치보다 웃너비는 6.4㎜, 아래너비는 3.1㎜가 더 큰 것이다. 특히 웃너비가 그 아래너비보다 더 큰데 특성이 있다고 말할 수 있다. 이러한 특징은 팔 힘이 센 사람들에서 자주 볼 수 있는 특징이다.

단군의 상박골은 현대조선사람의 평균치에 비하여 길이도 길고 그 너비도 넓지만 상대적으로는 그 길이에 비하여 너비가 더 넓다고 말할 수 있다. 그것은 견고성지수에 반영된다.

상박골의 너비나 그 둘레가 길이보다 상대적으로 크면 클수록 그 상박골은 굵기 때문에 견고하다고 평가하게 된다. 단군의 상박골은 견고성지수가 21.2이다. 이 지수가 현대조선사람은 19.8이며 현대 사람의 집단간 변이폭은 18~22라는 것을 고려할 때 단군의 상박골은 상당히 견고하다고 말할 수 있다. 더구나 팔이 긴 경우에는 그 지수가 작은 것이 일반적경향인데 단군은 웃팔이 길면서도 그 길이에 비하여 상대적으로 더 두껍다는것을 알수 있다. 따라서 단군의 상박골은 대체로 현재조선사람의 그것보다 더 굳세 였다고 인정된다.

골간부의 가로자름면이 형태상 어떠한 특징을 가지고 있는가 하는 것은 그 부위의 최대폭과 최소폭에 반영되어 있다. 단군의 상박골은 가운데부위의 최대폭과 최소폭이 각각 26.4㎜와 23.8㎜이다. 그것이 현대조선사람은 22.4㎜와 17.8㎜이다. 따라서 단군의 상박골은 그 최대폭과 최소폭사이의 차이가 상대적으로 크지 않다고 볼수 있다.

횡단면상의 형태를 반영하는 골간부가로 자름면지수가 단군은 90.5이다. 그 지수가 현대조선사람의 평균치보다 10.0이나 더 크다. 또한 집단간 변이폭(75∼80)을 퍽 초과 한다. 그러므로 단군의 상박골은 아주 둥실하게 생겼다고 볼 수 있다. 골간부 가운데 부위에서 최대폭과 최소폭사이의 차이가 2∼3㎜에 지나지 않는다.

견갑골의 관절우묵이와 결합되여 상박관절을 이루는데 직접 참가하는 상박골의 골머리가 단군은 상당히 크다. 상박골머리의 최대폭이 46.7㎜이며 상박골머리의 둘레는 145.2㎜이다. 그리고 골머리의 너비는 19.4㎜이다. 이것은 모두 현대사람의 평균치를 퍽 초과하며 그 징표들의 변화의 크기에서 모두 상한의 크기에 속하는 것이다.

다 아는바와 같이 상박관절은 공모양으로 생긴 큰 관절머리와 좁고 얕은 관절우묵이 그리고 관절인대가 굳게 결합되지 않는 것으로 하여 사람의 관절가운데서 가장 넓은 범위의 운동을 각 방향으로 자유롭게 할 수 있다. 이마면의 축(액면축)과 시상축(화살방향의 축) 그리고 수직축 상에서 굴신운동(굽혔다 폈다하는 운동), 회전운동, 회선운동, 원추운동이 가능한데 단군은 상박골의 골머리가 큰 것으로 하여 이러한 운동을 아주 힘차게 진행할 수 있었다고 인정된다.

상박골머리의 전외측 방에는 2개의 결절이 있다. 대결절과 소결절 이라고 하는 이 두 결절이 단군의 상박골에서는 상당히 잘 발달되어 있다. 그리고 이 두 결절사이에 있는 결절간홈은 상당히 깊고 삼각근이 붙는 삼각근 거친면이 잘 발달되어 두드러지고 울퉁불퉁하다. 근육이 부착하는 결절들과 거친면이 발달되고 또 이두박근의 장두의 건이 통과하는 결절간홈이 깊은 것으로 보아 단군은 웃팔에 있는 근육들이 힘을 쓸 수 있게 잘 발달되어 있었다고 인정된다.

아래팔뼈에 있는 척골과 요골이 얼마나 잘 발달되어 있는가 하는 것은 간접적으로 상박골하단에 있는 작은 머리의 크기나 활차의 너비와 깊이 그리고 척골우묵이의 깊이에도 반영된다. 단군의 상박골에서 특징적인 것은 특히 활차와 작은 머리의 너비가 넓은 점이다. 단군은 그것이 각각 46.7㎜와 19.4㎜인데 이것은 조선사람의 평균치보다 각각 7㎜와 3.6㎜가 더 큰 것이다. 상박골아래단의 너비는 넓지만 거기에 있는 활차나 척골우묵이의 깊이는 그렇게 깊지 않다. 현대조선사람의 평균치에 해당된다.

단군안해의 상박골가운데서 한쪽 상박골에서는 3개의 징표를 계측할 수 있었다. 이 3개의 징표를 통하여 단군안해의 상박골이 얼마나 컸는가 하는 것을 가늠할 수 있다. 여자의 상박골도 현대조선사람의 평균치에 비추어 볼 때 좀 더 크다고 볼 수 있다.

이것은 유전적 특성이라고 말할 수 있다. 원시시대말경이나 초기국가시절에는 무관출신의 귀족이 위주였기 때문에 비록 단군의 안해가 노동을 못해 보고 고이 자란 여성이었다고 하더라도 장대한 체격을 가지고 있었을 아버지의 체격을 물려받아 허우대가 클 수 있었던 것이다. 유전적으로 허우대가 크다는 것과 몸뼈에서 여성의 섬약성이 인정된다는 것은 서로 다른 문제이기 때문에 연령감정 때 그의 뼈에서 여성의 섬약성이 인정된다는 표현과 허우대가 큰 여성이었다는 추측은 서로 모순되지 않는다.

2) 상지대골

상지대골로서는 견갑골과 쇄골이 있는데 단군의 유골에서는 비록 쪼각이지만 이 두 뼈가 남아 있었다.

어느 경우에나 옛 무덤의 유골로 견갑골이 고스란히 남아 있는것은 극히 드물다. 그것은 견갑골이 몹시 얇은 뼈라는데 있다.

단군릉에 보존되어 있는 4개의 견갑골이 모두 견갑관절우묵이, 오훼돌기, 견봉이 있는 그 웃부분 뿐이다. 크기와 형태로 보아 량측견갑골이 대칭적이었다고 인정되며 육안적으로 안겨 오는 가장 특징적인 것은 현대조선사람보다 크고 투박하고 굳세여 보인다는 점이다.

단군의 유골로 오른쪽쇄골이 보존되어 있다. 흉골단쪽이 깨여져 없어 졌고 견봉단과 쇄골체 부분은 잘 남아 있다.

쇄골의 크기(㎜)

징 표	단군(오른쪽)	현대조선사람(남자)	
		왼쪽(N=61)	오른쪽(N=40)
(4)수직거리	12.6	11.72	11.40
(5)앞뒤거리	13.8	11.96	12.75
(6)둘레	45.0	37.4	38.0
(4)/(5)가로자름면지수	91.3	97.9	93.0

쇄골은 흉곽으로부터 일정하게 알맞는 거리에 상박관절을 지지하는 기능을 수행하기 때문에 상박골과 밀접한 연관 관계를 가지고 있다. 단군의 쇄골은 그의 상박골과 마찬가지로 팔운동을 힘차게 보장할 수 있게끔 잘 발달되어 있다. 그것은 계측이 가능한 몇 개의 징표에 잘 나타나 있다. 그 둘레가 45.0㎜인데 이것은 현대조선사람의 평균치보다 클 뿐 아니라 종전에 청동기시대주민이라고 한 라진초도사

람뼈(41.0㎜)의 경우보다도 크다. 그리고 수직거리 앞뒤거리가 퍽 크기 때문에 단군의 쇄골은 상당히 넓고 두껍다. 그 길이를 계측할 수 없기 때문에 견고성지수를 산출하지는 못하였지만 수직거리가 큰 것으로 보아 단군의 쇄골은 상당히 굳세었다고 인정된다. 단군은 가로 자름면 지수가 현대조선사람보다 좀 작다. 이것은 그 너비가 두께보다 상대적으로 컸다는 것을 의미한다. 그러나 이 지수가 라진 초도 사람뼈(81.3)보다는 퍽 크다.

※ 라진초도사람뼈는 청동기시대인 라진초도에서 나온 사람뼈를 의미한다.

3) 전박골

단군릉에서는 전박골로서 2개의 척골과 4개의 요골이 나왔다. 이 가운데는 2개의 척골과 2개의 요골은 단군의 유골이다.

단군은 왼쪽의 척골과 요골이 거의 온전하게 보존되어 있으며 오른쪽의 척골과 요골은 그 아래 부분이 남아 있지 않다. 오른쪽요골은 골간부 가운데 부위가 부러져 두 동강이 났으며 그쪽의 척골은 하1/3부분이 없어 졌다.

척골과 요골로 이루어 진 전박골이 단군은 절대적으로나 상대적으로 긴것이 특징이다. 인종적으로 보아 팔이 다리보다 상대적으로 길고 그 가운데서도 전박골부분이 더 긴 것이 유럽 사람들과 구별되는 아시아적인 것이기는 하지만 단군의 전박골이 긴것은 그 아시아인종적특징과 관련되는 것이라기보다 그의 체격이 웅장한 것과 관련되는 것이라고 말할 수 있다.

척골의 길이(㎜)

징 표	단군(왼쪽)	현대조선사람(남자)	
		왼쪽(N=48)	오른쪽(N=11)
(1)제일 긴 길이	272	248.2	248.4
(2)생리적길이	235	220.8	221.3

단군의 척골은 상당히 길다. 그 길이가 272㎜인데 이것은 현대조선사람의 개체적인 변이 폭에서도 상한의 크기를 넘어 설 정도로 아주 큰 것이다. 라진초도 사람뼈도 척골의 길이가 길지만 (257.0㎜) 단군의 크기에는 이르지 못한다.

단군의 척골은 가장 긴 길이가 이렇게 긴데 비하면 그의 생리적 길이는 거기에 따라 가지 못한다. 그 길이가 245㎜이다. 이것도 물론 현대조선사람의 평균치보다는 크지만 가장 긴 길이에 비하면 그보다 상대적으로 짧은 것이라고 말할 수 있다. 이것은 단군의 척골이 가지고 있는 하나의 특징을 시사해 준다. 단군의 척골은 척골머리가 절대적으로 퍽 길기 때문에 가장 긴 길이가 생리적길이보다 길어 진것이라고 볼 수 있다. 또한 단군의 상박골에서 척골우묵이가 깊고 그 너비가 넓은 것도 척골머리가 큰 것과도 관련되어 있다.

단군의 척골은 긴 길이에 알맞게 넓고 굵기도 하다.

척골의 너비는 그 웃쪽이 넓고 아래쪽이 좁기때문에 골간부너비로 평가하게 된다. 골간부너비가 단군은 19.2㎜이다. 그것이 현대조선사람은 평균 16.7㎜이기때문에 단군의 척골은 그 길이에 알맞게 너비도 넓다고 말할수 있다. 라진초도사람뼈는 그 골간부너비가 현대조선사람의 평균크기를 벗어 나지 않는다. 그것이 17.0㎜이다.

골간부의 두께는 그 너비와 조화로운 크기를 가지고 있다. 단군은 그 징표가 15.5㎜인데 이것은 너비의 경우와 같이 현대조선사람의

척골의 너비와 굵기

징 표	단군(왼쪽)	현대조선사람(남자)	
		왼쪽(N=48)	오른쪽(N=11)
(6(1))웃너비	29.7	28.5	28.2
(12)골간부너비	19.2	16.7	16.9
(13)골간부웃너비	21.0	19.0	18.7
(11)골간부두께	15.5	13.3	12.7
(14)골간부웃두께	25.7	22.8	22.9
(3)골간부최소둘레	41.2	36.4	35.5

평균치보다 약간 큰 것이다.

척골의 굵기를 보여 주는 골간부의 최소둘레가 단군은 41.2㎜이다. 이 골간부의 둘레는 척골의 견고성을 평가하는 지표의 하나로 이용된다.

단군은 척골의 견고성지수가 16.8이다. 이것이 현대조선사람의 평균치(16.48)와 거의 같다. *

* 견고성지수가 라진초도사람뼈는 남자의 경우에 11.3, 여자의 경우에 14.9이다. 따라서 단군은 라진초도사람보다 척골이 길뿐아니라 그 길이보다 퍽 굵은 척골을 가지고 있었다.

따라서 단군의 척골이 현대조선사람보다 좀 굵기도 하고 그 너비(횡경과 전후경)가 약간 넓기도 하지만 그것은 척골의 길이가 긴데서 상관적으로 초래된 생리적 현상의 하나라고 말할 수 있다.

척골을 인류학적으로 특징짓고 형태학적으로 그 특성을 밝히는데서 중요한 의의를 가지는 부분의 하나는 척골머리이다. 척골머리는 상박골과 전박골을 연결하며 팔목관절을 형성하는데서 주동적인 작용을 한다.

척골머리의 크기(㎜)

징 표	단군	현대조선사람(남자)	
		왼쪽	오른쪽
(6)척골돌기의 너비	25.3	23.9	23.2
(61)척골웃너비	23.7	28.5	28.2
(5)척골돌기웃부분높이	6.4	5.3	5.2
(8)척골돌기높이	24.3	21.3	22.3

표가 보여 주는바와 같이 단군의 척골머리는 비교적 큰축에 속한다. 그 너비와 높이가 현대조선사람의 평균치보다 하나같이 크다. 이것은 팔꿈치에서 아래팔을 펴게 하고 웃팔을 안쪽으로 돌리게 하는 상박삼두근이 잘 발달되어 있었으며 또 팔꿈치가 지나치게 펴지는 것을 막아 낼 수 있는 능력이 형태 구조적으로 갖추어져 있었다는 것을 전해 준다. 따라서 단군은 팔꿈치에 남다른 힘을 줄 수 있는 능력을 가지고 있었다고 본다.

단군유골의 인종적 특징은 2개의 지수 즉 편평지수와 골간부가로 자름면지수에 잘 반영되어 있다. 단군은 편평지수가 82.3이다.＊ 따라서 단군의 척골은 볼록한 척골에 속한다.

＊ χ~79.9 편평한 척골
80.0~99.9 볼록한 척골
100.0~χ 아주 볼록한 척골

볼록한 척골에 속하는 현대조선사람의 인종적 특징이 이미 단군에서도 그대로 나타난다. 그리고 골간부가로 자름면 지수가 단군은 80.7이다. 이것은 현대조선사람의 골간부가로 자름면 지수와 같은 부류의 크기이다. 이러한 관계는 척골머리높이지수에도 반영되어 있다. 단군의 척골머리가 높기는 하여도 그 높이에 알맞게 그 너비도 넓기 때문에 높이의 상대적 크기를 보여 주는 척골머리높이지수가 단군은 현대조선사람의 평균크기의 범위를 벗어나지 않는다.

척골과 쌍을 지어 전박을 이루고 있는 요골은 자체의 고유한 특성을 가지고 있지만 변화의 특징, 그 변화의 일반적 경향에서는 척골의 경우를 반복한다고 말할 수 있다.

단군이 완력이 있는 사람이었다는 특징이 척골에서는 그 웃부분 즉 척골머리에서 주로 나타났다면 요골에서는 그와 반대로 그 아래부분에 집중적으로 반영되여 있다. 그런데 유감스러운 것은 요골에서 그 아랫부분을 계측치로 특징짓는 징표들이 없다.

육안적으로 보아 척골머리가 컸던 것처럼 요골에서는 그 아래부위가 상대적으로 넓고 두껍다.

요골의 길이(㎜)

징 표	단군(왼쪽)	현대조선사람(남자)	
		왼쪽(N=53)	오른쪽(N=10)
(1)제일 긴 길이	253	224.1	225.3
(2)생리적길이	243	217.5	217.8

단군은 요골이 상당히 길다. 가장 큰 길이가 253㎜이고 생리적길이가 243㎜이다. 이것은 현대조선사람에서 상한의 크기에 해당되게 큰 것이다. 라진초도 사람뼈의 요골도 좀 큰 편이기는 하지만 단군의 크기에는 이르지 못한다.

단군은 요골이 긴데 비하면 그 너비는 그렇게 넓은 편이 못된다고 말할 수 있다. 그렇지만 요골도 그 너비가 현대조선사람보다는 더 넓다.

요골의 너비(㎜)

징 표	단군		현대조선사람(남자)	
	왼쪽	오른쪽	왼쪽(N=53)	오른쪽(N=10)
(4)골반부제일 큰 너비	18.8	–	16.2	16.7
(4a)골간부가운데 너비	17.5	18.2	15.2	16.0
(5)골간부두께(전후경)	14.2	–	12.0	12.8
(5a)골간부가운데두께(전후경)	13.5	14.0	12.3	12.5
(3)골간부최소둘레	48.2	48.8	39.3	39.3
(5.5)골간부가운데 제일 작은 둘레	43.2	–	41.2	41.6

골간부의 제일 큰 너비가 단군은 18.8㎜인데 그것이 현대조선사람은 평균 16.2㎜이다. 너비에서 특징적인 것은 제일 큰 너비나 가운데너비가 크기에서 별로 차이가 없는 것이다. 이러한 특징은 현대조선사람에서 흔히 볼 수 있는 일반적인 현상의 하나인데 그것이 이미 우리 민족의 원시조인 단군에서 나타난다.

라진초도 사람뼈는 골간부의 제일 큰 너비가 16.0㎜로서 현대조선사람과 같고 단군보다는 얼마간 좁다.

요골의 너비는 고유한 의미에서 너비라고 부르는 횡경뿐 아니라 두께에 해당하는 전후경을 통하여서도 특징 지을 수 있다.

요골의 앞뒤길이가 단군은 골간부 가운데서는 13.5㎜(왼쪽)와 14.2㎜(오른쪽), 골간부의 가장 두꺼운 데서는 14.6㎜(왼쪽)이다. 이것도 현대조선사람이나 라진초도 사람뼈 보다는 다 크다.

너비와 두께의 상대적 크기를 보여 주는 가로자름면 지수는 가로자름면의 형태를 규정한다. 이 지수가 단군은 75.5이다. 이것은 현대조선사람과 구별되지 않는 크기이다. 그러므로 단군에서 볼 수 있었던 가로자름 면상의 형태가 현대조선사람에서도 그대로 보존되었다고 말할 수 있다.

라진초도 사람뼈는 개체적변이의 특성과 관련하여 단군이나 현대조선사람과 구별되는 특성을 가지고 있다. 라진초도 사람뼈는 상대적으로 두께가 좁은 반면에 그 너비가 넓기 때문에 지수는 좀 작다. 그 지수가 96.8이다.

단군은 요골의 견고성지수나 가운데둘레지수에서 현대조선사람과 구별되지 않는다. 그런데 단군도 그렇고 현대조선사람도 요골이 인종적으로 굵고 굳세다고 말할 수 있다. 견고성지수의 집단간평균이 14∼18인데 단군은 그 지수가 집단간평균의 상한을 초과하고 현대조선사람은 그 상한의 크기를 가지고 있다. 가로자름면 지수는 집단간평균이 72∼78인데 단군도 그렇고 현대조선사람도 이 지수가 집단간평균의 중심에 놓이는 크기를 가지고 있다.

단군의 요골에서 육안적으로 나타나는 가장 특징적인 것은 2개의 요골에서 다같이 요골거친면이 발달 되여 있는 것이다. 요골목부의 바로 아래에서 전 내측으로 륭기되여 있는 이 결절에는 상박이두근(M.biceps brachii)이 부착한다. 따라서 단군은 상박이두 근이 아주 잘 발달 되여 있었기 대문에 상박관절에서 상박을 굴곡시키고 팔꿈치관절에서 전 박을 굽히거나 외선 시키는 운동을 아주 힘 있게 할 수 있었다고 본다.

단군의 요골에서 또 하나의 특징적인것은 요골아래단이 넓고 두꺼우며 거기에 있는 삼각형모양의 손목관절면이 큰 것이다.

사람의 팔은 수직축을 중심으로 하는 회선운동(Rotatio)과 내외선운동(안쪽 및 바깥쪽으로 돌리기 Pronatio, Supinatio)을 포함하여 여러가지 운동을 할수 있는 능력을 가지고 있다. 이것은 요골이 척골주위를 회전하게 되면서 요골아래단은 굵어지고 반면에 척골부는 짧아지고 약해 진 형태구조적인 변화에 의하여 보장된다. 따라서 사람은 다른 포유동물들의 경우와 달리 손목관절에 요골아래 단만이 관계한다. 그러므로 단군은 요골 아래단이 넓고 두꺼웠기 때문에 손목이 아주 세게 힘을 쓸 수 있도록 굵었다고 인정된다. 손목이 굵은 팔에는 언제나 큰 손이 대응된다.

4) 손뼈

중수골의 길이

징 표	단군	현대조선사람(남자)	라진초도(남자)
중수골의 길이 1	47.0	44.9	
2	70.2	65.2	
3	69.8	62.1	
4	–	56.2	67.0
5	53.5	52.1	

단군의 손뼈가운데서 남아 있는 것은 5개의 중수골이다. 이 중수골은 손목이 굵은 팔에 알맞게 그의 손바닥도 컸다는 것을 시사해 준다. 그것은 중수골의 계측치가 보여 준다. 단군은 5개의 중수골이 현대조선사람의 그것보다 하나같이 크다. 그리고 라진초도사람의 중수골에서는 제3중수골의 계측치가 소개되었는데 단군의 제3중수골은 라진초도 사람뼈의 그것보다 더 길다.

계측자료들은 단군의 중수골이 길었을 뿐 아니라 아주 두꺼웠다는 것을 보여 준다. 골체부 높이가 각각 10.0, 10.9, 11.5, 11.9, 10.2 ㎜였다. 이것은 현대조선사람보다 퍽 큰 수치이다.

5) 골반골

단군릉에서는 한 쌍의 골반골이 나왔다. 대칭적으로 쌍을 이루고 있는 이 골반골에서 남성적인 특징이 뚜렷하게 나타나기 때문에 그것은 의심할 바 없이 단군의 골반골 이었다.

단군의 골반골 가운데서 왼쪽의 것은 보존상태가 상당히 좋고 오른쪽의 것은 많은 부분이 떨어져 나갔다.

왼쪽의 골반골에는 좌골지와 치골지에 해당하는 부분이 남아 있지 않고 장골날개에는 33.5㎜×49.8㎜에 해당하는 타원형의 결손부위가 있을 뿐이다. 그 밖의 부분은 거의 온전하게 보존되어 있다. 그렇지만 오른쪽의 골반골은 보존상태가 좋지 못하다. 장골에서는 반궁형을 이루는 장골즐부위와 웃앞장골극과 아래앞장골극의 부분이 떨어져 없다. 그리고 치골과 좌골을 포함하여 비구의 앞쪽으로 1/3까지 없어졌다. 그러므로 골반골의 특징은 왼쪽골반골에 기초하여 론하게 된다.

단군의 골반골에서 특징적인 것은 장골이 아주 높고 넓은 것이다. 장대한 사람들에서 볼 수 있는 장골의 특징이 단군의 장골에서 그대로 인정된다. 장골의 높이가 단군은 139.7㎜인데 이것은 129.0㎜인 현대조선사람의 그것보다 10㎜나 더 큰것이다. 이 징표가 라진초도 사람도 125㎜밖에 되지 않는다. 장골의 높이에 비하면 장골날개의 높이는 높지 않다. 그것이 단군은 114.4㎜이고 현대조선사람은 112.7㎜이다. 그런데 라진초도 사람뼈는 장골날개의 높이가 상당히 낮다. 그것이 102㎜에 지나지 않는다.

장골날개에서 그 높이는 높지 않지만 그 너비는 퍽 넓은 편이다. 그것이 단군은 102.4㎜인데 현대조선사람은 평균 92.2㎜이다. 장골날개와 달리 장골전체에서는 그 높이에 알맞게 너비도 넓다. 그것이 단군은 161.8㎜인데 이것은 현대조선사람의 평균치보다 7㎜나 더 큰 것이다.

이렇게 장골은 크지만 장골근이 높이는 장골우묵이는 깊지 않다. 그 깊이가 단군은 14.7㎜인데 이것은 현대조선사람의 평균범위에 속하는 것이다.

단군은 장골뿐 아니라 치골도 굳세다. 그것은 치골이 넓고 높다는 데 있다. 단군은 치골너비가 88.4㎜이고 결합부높이가 39.4㎜인데 이것은 현대조선사람의 평균치보다 각각 5㎜, 5.9㎜나 큰 것이다. 폐쇄공도 그렇고 비구도 현대조선사람보다 크다.

6) 대퇴골

릉에서는 두쌍에 해당하는 4개의 대퇴골이 나왔다. 대퇴골은 사람의 골격가운데서 가장 크고 굳세며 또 가장 긴 관상골이기 때문에 어느 옛 무덤의 자료에서나 가장 잘 보존된다.

릉에서 나온 유골가운데서 가장 잘 보존된 한 쌍의 대퇴골은 단군의 대퇴골이다. 왼쪽대퇴골은 거의 완전하다고 말할 수 있다. 오른쪽대퇴골은 소전자 착 아래부위가 부러졌기 때문에 그 윗부분에 해당하는 대퇴골머리와 대전자 및 소전자 부위가 남아 있지 않다. 이것은 도굴자들의 삽질에 깨여 지고 흙밥에 실려 밖으로 던져 져 없어진 것 이라고 인정된다.

대퇴골은 사람의 몸뼈 가운데서 체격의 발달정도와 가장 깊은 상관관계를 가지고 있고 특히 키의 크기를 제일 잘 반영하고 있기 때문에 아주 중요시되고 있는 골격의 하나이다.

단군은 대퇴골이 아주 크다. 길고 굵고 투박하게 생겼는데 이것은 단군이 웅장한 체격의 소유자 였다는 것을 그대로 전해 주는 것 이라고 말할 수 있다.

사람의 골격을 이루고 있는 장관골들은 예외없이 윗부분과 아랫부분에서 모두 관절을 형성하는데 참가하기 때문에 개별적인 뼈 그 자체의 총길이와 그것이 골격 구조안에서 차지하고 있는 길이가 서로 다르다. 그렇기 때문에 개별적인 장관골의 길이를 규정할 때 그 뼈의 총길이와 생리적상태의 길이를 구하게 된다. 그리고

대퇴골의 길이(㎜)

징 표	단군(왼쪽)	현대조선사람(남자)	
		왼쪽(N=101)	오른쪽(N=101)
(1)제일 큰 길이	455.0	439.9	438.2
(2)자연상태에서 총 길이	448.0	427.8	426.2
(3)대전자로부터 제일 큰 길이	437.0	414.0	414.6
(4)자연상태에서 대전자로부터의 총 길이	445	421.6	420.8

이 두 길이의 차이는 관절을 형성하는데서 그 뼈가 얼마나 깊숙히 관계하고 있는가 하는 것을 보여 준다면 생리적상태의 길이는 그 뼈가 골격형성에서 얼마나 큰 몫을 차지하고 있는가 하는 것을 알려 준다고 말할 수 있다.

그런데 대퇴골에서는 그 길이를 대퇴골머리뿐아니라 대전자를 또 하나의 기점으로 하여 계측하고 있다. 따라서 대퇴골의 길이는 뼈머리를 기점으로 하여 2개, 대전자를 기점으로 하여 2개로 구성된다.

뼈머리의 웃점에서 내측과 밑면까지의 거리에 해당하는 제일 큰 길이가 단군은 455.0㎜이다. 이것은 현대조선사람보다 15.4㎜나 더 긴 것이다. 그리고 자연상태에서 대퇴골의 총길이에 해당되는 뼈머리의 웃점에서 내측과와 외측과의 가장 낮게 위치하는 점을 지나는 평면까지의 거리가 단군은 448㎜이다. 따라서 이 징표가 단군은 현대조선사람보다 20.2㎜나 더 크다.

대전자를 기점으로 하는 두 징표 즉 대전자로부터 제일 큰 길이와 자연상태에서 대전자로부터의 총 길이와 단군은 각각 437.0㎜와 443㎜이다. 그런데 골격구조에서 대퇴골이 차지하는 실제적인 크기는 자연상태에서 대전자로부터의 총 길이이다. 이것이 단군은 현대조선사람보다 21.4㎜나 더 길다.

대퇴골의 너비(㎜)

징 표	단 군		현대조선사람 (남자)	
	왼쪽	오른쪽	왼쪽 (N=101)	오른쪽 (N=101)
(7)거친선이 발달된 부위에서 골간부의 너비	30.5	30.4	27.4	27.3
(7a)골간부가운데 너비	29.2	29.8	27.3	27.1
(6)거친선이 발달된 부위에서 골간부의 두께	33.8	33.5	28.8	29.1
(8)골간부가운데부위의 둘레	98.0	98.0	85.7	86.1
(8a)거친선이 발달된 부위의 골간부둘레	101.1	102.6	86.7	86.6

라진초도 사람뼈는 대퇴골의 가장 큰 길이와 자연상태의 총길이가 각각 425.0㎜와 422㎜이다. 이것은 현대조선사람의 평균치보다 좀 작은 것이다. 옛날로 올라가면 갈수록 그 길이가 짧아 지는것은 어느 나라, 어느 민족에서나 볼 수 있는 일반적경향이다. 그런데 단군의 경우에는 그와 달리 대퇴골의 길이가 현대조선사람보다 짧은 것이 아니라 오히려 더 길다. 이것은 키가 크고 체적이 웅장하였던 단군의 개체적 특성과 관련된 것이었다고 볼 수 있다.

장관골은 그 어느 뼈나 예외없이 체격과 깊은 상관관계를 가지고 있다. 그 가운데서도 특이한 것은 대퇴골이다. 대퇴골은 체격과의 상관관계가 가장 깊다. 따라서 시대를 거슬러 올라가면 갈수록 그 길이는 짧아지는 반면에 굵기는 더욱더 굵어지는 경향이 뚜렷하게 나타난다. 길이와 굵기는 서로 상반되는 방향으로 변화되는 경향을 가지고 있다. 옛날로 올라 갈수록 뼈의 길이가 짧아 지는 것은 옛 사람 일수록 키가 작은 것과 관계되며 뼈의 굵기가 굵어 지는 것은 육체적 부담이 커지기 때문에 체격이 다부지게 되는 것과 관련된다.

그런데 단군의 대퇴골은 그 길이가 현대조선사람보다 짧은 것이 아니라 오히려 더 긴데도 불구하고 굵기는 가는것이 아니라 현대조선사람보다도 더 굵다.

대퇴골의 너비는 횡경, 그 두께는 전후경으로 규정한다. 거친선이 발달된 부위에서 골간부의 너비와 두께를 계측한데 의하면 단군은 이 두징표가 현대조선사람보다 클 뿐 아니라 이 두징표의 차이도 현대조선사람의 경우보다 퍽 더 크다. 이것은 거친이 발달된 대퇴골에서 흔히 볼 수 있는 특징이다. 단군의 대퇴골에서 거친선의 발달정도를 표시한다면 그것이 3~4형에 속한다고 볼 수 있다.

> ※ 거친선의 발달정도를 0~4까지 5개의 등급으로 구분한다. 0은 거친선이 완전히 없는 류형이고 4는 거친선이 아주 강하게 발달된 류형이다. 현대조선사람은 대체로 2형에 속하는 경우가 많다.

장관골에서 너비와 두께의 크기가 종합되어 그것이 굵기에 반영된다. 단군은 대퇴골의 굵기를 보여 주는 둘레가 상당히 크다. 골간부가운데 부위의 둘레와 거친선이 발달된 부위의 둘레가 단군은 왼쪽의 경우에 각각 98.0㎜와 102.0㎜이고 오른쪽의 경우에 각각 98.0㎜와 106.0㎜이다.

이와 같이 단군의 대퇴골이 현대조선사람보다 퍽 넓고 더 굵은 것도 역시 시대적 차이를 반영한 일반적 현상의 하나라고 하기보다는 그가 장대한 체격의 소유자였다는 것을 보여 주는 지표라고 말하는 것이 더 타당할 것이다. 왜냐하면 대퇴골의 길이가 짧은 반면에 그 굵기가 더 굵다면 그것을 시대적 차이를 반영한 형태학적 특징이라고 할수 있지만 단군의 경우에는 길이가 길면서 그 굵기가 굵기때문에 그것을 다르게 보아야 한다고 생각한다. 길이가 길면서 굵기가 굵은 현상은 장대한 체격을 가진 사람들에서 균형적으로 이루어 지는 골격변화의 일반적방향이다. 그것은 특히 굵기지수에 반영되어 있다. 이 지수가 단군은 21.9인데 이것은 현대조선사람과 크게 구별되지 않으며 집단간 평균치(18～21)에서 그 상한의 크기에 해당된다. 따라서 단군의 대퇴골은 그 긴 길이에 알맞는 굵기를 가지고 있다고 말할 수 있다. 라진초도 사람뼈는 이 지수가 18.7로서 집단간 평균치의 하한의 크기를 가지고 있는 것으로 하여 단군과 구별된다.

단군은 대퇴골의 견고성지수가 14.5이다. 이것은 현대조선사람의 평균치와 거의 같은 크기이다. 라진초도 사람뼈는 그 보다 좀 작다. 그 지수가 12.0인데 이것은 대퇴골의 너비와 두께가 좀 짧은데 기인된다.

단군의 대퇴골은 대전자와 소전자가 잘 발달되었을 뿐 아니라 대퇴골의 머리와 대퇴골의 목부도 길고 굵다.

대퇴골머리와 목부의 크기(㎜)

징 표	단군(왼쪽)	현대조선사람(남자)	
		왼쪽	오른쪽
(14) 목부와 머리의 앞길이	79.2	63.6	63.9
(15) 목부의 높이	39.5	34.1	34.2
(16) 목부의 두께	30.5	26.9	25.7
(17) 목부의 둘레	119.5	97.1	97.4
(18) 머리부높이	54.3	47.0	47.2
(19) 머리부두께	52.4	46.6	46.7
(20) 머리부둘레	164.5	145.2	145.3

키가 큰 사람은 일반적으로 대퇴골의 목부가 길다. 그것을 단군의 대퇴골에서도 찾아 볼 수 있다. 목부의 길이를 반영하는 목부와 머리의 앞길이가 단군은 79.2㎜이다. 이것은 현대조선사람의 상한의 크기를 벗어 날 정도로 아주 긴 것이다.

단군은 대퇴골의 목부가 굵기도 하다. 길이와 두께가 각각 39.5㎜와 30.5㎜인데 이것은 현대조선사람의 평균치보다 5.4㎜나 더 크다. 이렇게 목부가 굵기 때문에 단군의 대퇴골은 목부의 굵기지수도 크다. 그것이 31.9이다.

목부가 굵은 단군의 대퇴골은 머리도 크다. 머리의 길이와 두께가 각각 54.3㎜와 52.4㎜이다. 그의 둘레는 164.5㎜인데 이것은 현대조선사람의 평균치보다 19.2㎜나 크다.

단군의 대퇴골은 그 웃부분과 마찬가지로 아래부분도 상당히 크다. 내측과나 외측과가 현대조선사람보다 다 같이 크기는 하지만 그 가운데서도 내측과가 더 크다. 단군은 내측과의 높이가 47.0㎜인데 이것은 현대조선사람의 평균치보다도 10㎜나 더 큰 것이다.

단군은 대퇴골의 편평지수가 77.4(왼쪽)와 75.6(오른쪽)이다. 따라서 단군의 대퇴골은 현대조선사람과 마찬가지로 편평한 대퇴골에 속한다.

※ 편평지수에 따르는 대퇴골의 구분

x~74.9	아주 편평한 대퇴골
75.0~84.9	평평한 대퇴골
85.0~99.9	볼록한 대퇴골
100.0~x	좁은 대퇴골(혹은 아주 볼록한 대퇴골)

대퇴골의 웃부분이 편평한 것은 중요한 아시아인종 특징의 하나이다.

현대조선사람은 편평지수가 대체로 82.0이다. 단군의 대퇴골과 현대조선사람의 대퇴골이 다 같이 편평대퇴골 이라는 같은 유형에 속하면서 그 지수의 크기에서는 얼마간 구별된다. 그것은 연령적 차이에 기인된다고 본다. 이 지수는 나이가 많아지는데 따라 점점 작아지는 경향을 가지고 있다. 그것은 대퇴골에서 너비와 두께의 년령적 변화가 서로 다르다는데 있다. 나이가 많아지는데 따라 너비는 점차 커지고 반대로 두께는 점점 작아진다. 따라서 단군은 나이가 많은 장수자였기 때문에 평균연령구성이 단군나이에 이르지 못한 현대조선사람의 평균치보다 더 편평할 수 밖에 없었던 것이다. 같은 인종갈래에서 선후관계에 있는 같은 계열의 사람이지만 이러한 차이는 나이가 서로 다른 경우에는 응당히 있을 수 있는 것이다.

라진초도 사람뼈는 이 지수가 왼쪽이나 오른쪽의 경우에 다같이 83.8로써 현대조선사람의 평균치와 구별되지 않는다. 라진초도에서 나온 사람뼈의 남자가 20세 전후의 사람이었던 만큼 인종적 특징을 가장 잘 나타내는 이 지수에서 라진초도 사람뼈와 현대조선사람사이에 이루어 진 유사성은 결코 우연한 것이 아니다.

가로자름면 상에서 골간부의 형태는 거친 선이 가장 강하게 발달된 부위에서 평가하게 된다. 골간부의 형태를 반영하는 가로자름면 지수가 단군은 왼쪽의 경우에 106.9, 오른쪽의 경우에 107.5이다. 이것은 현대조선사람의 평균치와 대체로 비슷하다. 따라서 가로 자름면 상에서 골간부의 형태가 단군은 현대조선사람과 같은 특징을 가지고 있다.

단군도 그렇고 현대조선사람도 골간부의 가로 자름면 지수가 집단간평균치에서 그 하한의 크기에 해당된다. 이 지수의 집단간 평균치는 100~122이다. 그러므로 조선 사람은 인종적으로 두께보다 너비가 상대적으로 크다고 말할 수 있다. 그러므로 아시아인종갈래의 사람에서는 거친선이 발달된 경우에도 이 지수가 상대적으로 작다.

단군의 대퇴골은 꼬임각이 상대적으로 크다. 그것이 21°이다. 이 각이 현대조선사람은 왼쪽의 경우에 16.6°이다. 따라서 거기에 비추어 보면 단군의 대퇴골은 상당히 꼬였다고 말할수 있다. 이렇게 꼬임각이 큰 것은 거친 선이 발달된 것과 관계되어 있다. 거친 선이 발달되고 골간부가 꼬이게 되면 대퇴골에 가해지는 무거운 중하를 잘 이겨 낼 수 있게 된다.

단군은 몸의 중하를 이겨 내는데서 의의가 있는 꼬임각이 상당히 큰 반면에 목부가 골간부와 이루는 목 부각은 크지 않다. 그 각이 125°인데 이것은 현대조선사람의 평균치와 같은 것이다. 이 각이 인종적으로 각이한 집단에서 121°로부터 133°까지 동요하는 만큼 단군도 그렇고 현대조선사람도 대체로 그 중간에 해당되는 크기를 가지고 있다고 말할 수 있다.

릉에서 발굴된 단군안해의 대퇴골은 그 보존상태가 완전하지는 못하지만 그래도 그것이 어느 정도로 굵었는가 하는 것을 충분히 가늠할 수 있게 한다.

단군안해의 대퇴골에는 녀성의 섬약한 특징이 뚜렷이 나타난다. 그렇지만 시대적 특성과 유전적 형질을 반영하여 현대조선사람의 대퇴골에 비하면 상당히 굵었다고 말할 수 있다. 그것은 뼈의 둘레를 비롯한 몇 개의 징표들이 말해 준다. 골간부 가운데 둘레가 단군안해는 81.6㎜(왼쪽)와 82.4㎜(오른쪽)이다. 물론 이것도 현대조선여성들 보다는 좀 크지만 단군이 현대조선남성들보다 큰 정도에 비하면 그 절반에도 이르지 못하는 것이다. 이러한 특징은 골간부의 너비와 두께에서도 볼 수 있다. 이것은 단군의 안해가 시대적 특성을 반영하여 현대조선여성들 보다 뼈가 굵직하기는 하였지만 그 시대의 여성치고 서도 그렇게 체격이 다부진 여성은 아니었다는 것을 말해 준다. 가냘픈 여성의 섬세한 체형을 가진 사람이었다는 것을 알 수 있다.

단군시대는 국가형성 초기였기 때문에 귀족계급가운데서 문관과 무관이 뚜렷이 구분되지 않았다. 많은 경우에 군장출신의 귀족들이 국가의 상층부를 차지하였기 때문에 단군 안해의 아버지도 군장들 속에서 흔히 볼 수 있는 늠름한 체격을 가지고 있었다고 추측할 수 있다. 아버지의 장대한 체격은 아들뿐 아니라 딸에게도 유전될 수 있기 때문에 단군의 안해는 여성치고 서도 체격이 좀 크고 따라서 아름다울 뿐 아니라 듬직하였겠다고 인정된다.

7) 경골

경골은 사람의 골격가운데서 가장 든든하고 또 대퇴골 다음으로 큰 관상골이다. 이러한 경골이 단군릉에서는 4개가 나왔다. 2개는 단군의 것이고 다른 2개는 단군안해의 것이다.

단군의 경골은 양쪽에 있는 2개가 다 거의 온전하게 보존되어 있다. 따라서 그 길이를 비롯하여 거의 모든 징표들을 계측할 수 있었다.

단군안해의 경골은 다른 뼈와 마찬가지로 보존상태가 그렇게 좋지는 못하다. 그렇지만 경골이 아주 든든한 뼈이기 때문에 유골로 전해지는 단군안해의 뼈 가운데서 가장 잘 보존될 수 있었다. 왼쪽의 경골이 오른쪽의 경골보다 더 많이 남아 있다. 남아 있는 경골의 길이가 왼쪽의 것은 275㎜, 오른쪽의 것은 256㎜이다. 양쪽의 것이 모두 그 웃부분과 아랫부분이 남아 있지 않다.

단군의 경골은 상당히 길다. 그것은 경골의 길이를 특징짓는 여러 징표들에 반영되어 있다.

경골의 가장 큰 길이가 단군은 왼쪽과 오른쪽에서 다같이 372㎜이다. 이것은 현대조선사람보다 거의 20㎜나 더 긴것이다. 총길이도 그만못지 않게 길다. 왼쪽은 364㎜이고 오른쪽은 365㎜이다. 이것도 가장 큰 길이의 경우와 마찬가지로 현대조선사람보다 대체로 20㎜나 큰 것이다.

일반적으로 오랜 시대의 사람일수록 그 길이가 짧다. 그것은 라진초도사람뼈의 경우에도 찾아 볼 수 있다. 그 길이(총 길이)가 각각

경골의 길이(㎜)

징 표	단 군		현대조선사람(남자)	
	왼쪽	오른쪽	왼쪽(N=102)	오른쪽(N=24)
(1) 총 길이	364	365	345.5	345.1
(1a)가장 큰 길이	372	372	352.6	356.2
(1b)안쪽길이	367	370	335.9	340.5
(2) 관절길이	357	358	327.8	326.2

330㎜와 335㎜로서 현대조선사람의 평균치보다 거의 10㎜나 작다. 라진초도 사람뼈가 현대조선사람보다 이렇게 작은 것은 개체적 특성을 반영한 것이 라기 보다는 시대적인 변천과정의 특성을 반영한 정상적인 것이라고 말할 수 있다. 이에 비추어 보면 현대조선사람보다 퍽 더 큰 단군의 경골은 상당히 긴 것이라고 말하지 않을 수 없다.

경골의 길이에서 인류학적으로 특징적인 것은 가장 큰 길이와 생리적길이(총 길이에 해당함)간의 차가 크지 않은 것이다. 그 차가 겨우 10㎜정도 남짓한데 이것은 무릎관절에 관계하는 경골의 형태구조적특성과 관련된다.

관절은 일반적으로 관절머리와 관절우묵이가 서로 결합되어 형성된다. 깊숙한 관절우묵이에 관절머리가 들어 가 관절이 형성되기 때문에 어느 장관골 에서나 생리적 길이는 가장 큰 길이보다 퍽 작지 않을 수 없다. 그렇지만 경골의 경우는 그와 다르다. 그것은 경골이 관계하는 무릎관절의 특성과 관련된다. 이 관절에서는 관절머리에 해당된다고 볼 수 있는 경골의 웃관 절면이 약간 함몰 되었을 뿐 거의 평탄한 구조를 가지고 있다. 따라서 경골은 사람의 장관골 가운데서 가장 큰 길이와 생리적 길이 사이의 차이가 제일 작은 장관골의 하나이다.

단군은 키가 클 뿐 아니라 그 큰 키에 균형이 잡히도록 다부지게 발달된 체구를 가지고 있었다고 하는 사실이 모든 뼈에 잘 반영되어 있다. 그러한 특징을 경골에서도 찾아 볼 수 있다.

단군은 경골이 길 뿐 아니라 굵기도 하다.

경골의 굵기(㎜)

징 표	단군		현대조선사람(남자)	
	왼쪽	오른쪽	왼쪽	오른쪽
(3)웃골단부너비	81.4	82.5	77.5	77.8
(6)아래골단부너비	52.8	53.5	51.3	51.3
(9)골단부가운데너비	23.2	24.6	21.7	22.0
(4)거친부위에서 가장 큰 두께	51.0	52.5	48.3	48.1
(7)아래골단부두께	42.0	44.0	37.5	37.7
(8)골간부가운데 가장 큰 두께	41.2	41.7	31.3	30.5
(10)골간부가운데 둘레	87.0	88.0	80.1	79.8
(10b)골간부 제일 작은 둘레	79.0	78.0	71.5	72.2

경골은 형태학적으로 그 윗부분이 아랫부분보다 비할 바 없이 크다. 그것은 사람의 관절가운데서 가장 큰 중하를 담담하여야 할 무릎관절의 기능적 특성과 관련된다.

윗부분이 그 아랫부분보다 비할 바 없이 넓고 두꺼운 단군 경골의 특징은 계측자료에 잘 나타난다. 너비(횡경)가 윗부분은 81.4㎜이고 아랫부분은 52.8㎜이며 두께(전후경)가 윗부분은 47.3㎜이고 아랫부분은 42㎜이다. 이렇게 단군은 경골의 너비와 두께가 현대조선사람의 평균치보다 퍽 크다. 그것이 너비에서는 웃부분의 경우에 대체로 4~5㎜, 아래부분의 경우에 2~4㎜정도로 더 넓고 두께에서는 윗부분의 경우에 3㎜정도 안팎, 아랫부분의 경우에 4.5~6.3㎜나 더 두껍다. 이렇게 단군은 경골의 너비와 두께가 다 같이 현대조선사람의 평균치보다 크기는 하지만 그것이 부위에 따라 일련의 특성을 가진다. 크기의 차이가 너비는 윗부분에서 주로 나타나고 두께는 아랫부분에서 뚜렷이 인정된다. 이렇게 단군의 경골은 그 길이에 알맞게 넓기도 하고 두껍기도 하지만 너비의 증대는 주로 윗부분에서 이루어지고 두께의 증대는 아랫부분에서 잘 나타난다.

라진초도 사람뼈는 경골의 굵기가 현대조선사람의 평균치보다 굵기는커녕 오히려 가는 편이다. 그 너비가 골간부 윗부분에서는 왼쪽이나 오른쪽이나 할 것 없이 77.0㎜이고 아랫부분에서는 각각 47.0㎜와 44.0㎜이다. 이러한 관계는 두께에서도 나타난다. 영양공부위에서 경골의 두께가 라진초도 사람뼈는 31.0㎜에 지나지 않는다. 그것이 단군은 각각 37.5㎜와 38.5㎜이고 현대조선사람은 그에 대응되는 평균치가 35.6㎜와 34.9㎜이다.

너비와 두께에서 이루어지는 굵기의 차이가 둘레에 집중되어 반영된다. 단군은 경골이 굵기 때문에 그 둘레가 상당히 크다. 골간부 가운데 둘레가 왼쪽의 것은 87.0㎜, 오른쪽의 것은 88.0㎜이다. 이것이 현대조선사람의 평균치는 각각 80.1㎜와 79.8㎜에 지나지 않는다. 단군의 경골은 골간부 가운데 둘레뿐 아니라 제일가는 부위의 둘레도 크다. 그것이 각각 78.0㎜와 79.0㎜이다. 이렇게 단군은 그 둘레가 현대조선사람의 평균치보다 대체로 7㎜정도 더 크다.

그런데 라진초도 사람뼈는 골간부 가운데 둘레가 겨우 75㎜(왼쪽)와 78㎜(오른쪽)정도에 이를 뿐이다. 이것은 단군의 경골에서 제일가는 부위의 둘레에 해당된다.

이렇게 단군의 경골은 상당히 굵지만 라진초도 사람뼈의 경골은 그렇게 굵지 않다. 그러므로 단군의 경골이 상당히 굵은 데는 시대적 특성이 반영된 것이 아니라 장대한 체격의 소유자였다는 개체적 특성이 깃들어 있다고 볼 수 있다.

해부학적으로 내측과와 외측과에 해당되는 경골머리는 골간부의 긴축과 크지 않은 각을 형성하면서 얼마간 뒤쪽으로 기울어 져 있다. 모든 경골은 다 그러한 특징을 가지고 있다. 이 뒤로 경사진 각이 단군은 각각 12°와 11°이다. 이 각이 현대 사람에게서는 평균 12°이다. 그러므로 단군은 경골머리의 뒤로 경사진 각이 현대 사람의 집단간 평균과 대체로 일치한다고 말할 수 있다. 그런데 현대조선사람은 이 각이 각각 9.3°와 9.7°이다. 따라서 단군의 경골머리는 현대 조선사람보다는 얼마간 더 뒤쪽으로 경사졌다고 볼 수 있다.

원래 경골머리의 뒤로 경사진 각은 인류의 진화발전과정에서 점점 작아지는 경향을 가지고 있다. 따라서 사람의 동물적선조라고 말할 수 있는 류인원 에서는 이 각이 상당히 크다. 지어 25°에 이른다고도 한다. 그리고 진화과정에 있던 원인이나 고인의 경우에도 이 각이 현대 사람보다 비할 바 없이 크다. 그렇다고 하여 현대 사람의 경우에도 이 각의 크기로 진화정도를 논할 수 있다는 것은 아니다. 단군이 조선 사람의 원시조로서 현대조선사람보다 반만년이나 더 오랜 시기의 사람이었기 때문에 경골머리의 뒤로 경사진 각이 현대 조선사람보다 큰 것은 진화론적으로 보아 응당한 것이라고 말할 수는 없다.

경골이 온몸의 증하를 이겨 낼수 있도록 견고해 진것은 물론 그 뼈가 굵어 진데도 있지만 그와 함께 뼈 자체가 꼬이게 된 것과도 관계된다.

사람의 경골은 관절면의 중심을 지나는 웃골단부의 축이 그 관절면을 절반으로 나누는 아래골단부의 축과 사귀여 예리한 각을 형성한다. 따라서 이 각은 경골이 얼마나 꼬였는가 하는 것을 보여 준다. 경골의 꼬임각이 단군은 왼쪽과 오른쪽에서 각각 22°와 24°이다. 이 각이 현대조선사람보다 겨우 2~3°정도로 약간 큰뿐 크게 구별되지 않는다. 꼬임각의 집단간 평균이 14~23°인 것만큼 단군도 그렇고 현대조선사람도 경골이 상당히 꼬인축이라고 말할 수 있다. 그것은 단군과 현대조선사람이 다같이 집단간 평균의 상한의 크기를 가지고 있다는데 있다. 그런데 라진초도 사람뼈는 이 각이 상당히 작다. 그것이 10°정도인데 이것은 현대 사람의 집단간 평균에서 그 하한의 크기에도 이르지 못하는 것이다.

경골의 굵기를 반영하는 견고성지수가 단군은 23.9와 24.1이다. 이것은 현대조선사람의 평균치와 거의 같은 것이다. 이처럼 단군이나 현대조선사람은 다같이 경골이 그 길이에 비하여 상대적으로 더 굵다고 말할 수 있다. 그것은 이 지수의 집단간 평균이 대체로 20~22 라는데 있다.

길이에 비하여 굵기가 상대적으로 큰 단군의 경골은 대단히 단단하다고 말할 수 있다. 이렇게 굵기 지수로 경골이 얼마나 단단한가 하는 것을 평가하기 때문에 그것을 일명 견고성 지수라고도 한다.

지수가 보여 주는바와 같이 단군은 온몸의 무게뿐 아니라 노동을 하거나 무기를 다루는 과정에 새롭게 더 받게 되는 온갖 중하도 잘 견디어 낼 수 있게 경골이 아주 든든하였다.

장관골의 경우에는 어느 뼈에서나 가로자름 면상의 윤곽을 중요시하고 있다. 왜냐하면 그것이 인종적으로나 개체적으로 경골의 특성을 잘 반영하고 있기 때문이다. 경골에서는 대퇴골의 경우와 달리 가로 자름상의 윤곽을 영양공 부위에서 규정한다. 단군은 영양공부위에서 경골의 가로 자름면 지수가 왼쪽의 경우에 71.4, 오른쪽의 경우에 71.6이다. 이 가로 자름면 지수가 경골의 편평 정도를 반영하기 때문에 그것을 골간부 가운데 부위에서의 가로 자름면 지수와 구별하여 편평지수라고 한다.

※ 편평지수에 따라 경골을 다음과 같이 구분한다.

χ~64.9 편평한 경골

65.0~69.9 중간 경골

70.0~χ 볼록한 경골

이것을 더 세분화하여 다음과 같이 구분하기도 한다.

χ~54.9 아주 편평한 경골

55.0～62.9 편평한 경골

63.0～69.9 중간 경골

70.0～x 볼록한 경골

편평지수에 의하면 단군의 경골은 볼록한 경골에 속한다. 비록 단군은 편평지수가 크기대문에 볼록한 경골에 속하기는 하지만 그렇게 전형적으로 볼록한 경골은 아니다.

현대조선사람역시 이 지수가 상당히 큰 편이다. 그 지수가 왼쪽의 경우에 68.6, 오른쪽의 경우에 71.8이다.

이렇게 단군과 현대조선사람은 대퇴골과 경골이 서로 다른 특징을 가지고 있다. 대퇴골은 전형적인 편평대 퇴골이지만 경골은 그와 달리 볼록한 경골이거나 그러한 경골에 가까운 특징을 가지고 있다.

라진초도인골은 경골의 편평지수가 남자의 경우에 67.7이다. 이 지수의 집단간평균이 60～75라는 것을 고려할 때 라진초도유적사람은 집단간평균에서도 그 가운데에 해당하는 크기를 가지고 있다. 그의 경골은 편평하지도 않고 그렇다고 하여 볼록하지도 않다.

경골에서 지적할 수 있는 또 하나의 특징은 골간부의 윗부분이 그 아랫부분보다 응당히 굵다는데 있다. 단군의 경우에도 그러한 특징이 잘 나타난다.

골간부의 웃부분과 아래부분의 차이(㎜)

징 표	단 군		현대조선사람(남자)	
	왼쪽	오른쪽	왼쪽	오른쪽
너비(횡경)	28.6	29.0	26.4	26.5
두께(전후경)	9.0	8.5	10.8	10.4

표에서 보는바와 같이 단군의 경우도 그렇고 현대조선사람의 경우도 웃골간부와 아래골간부사이의 차이가 너비에서나 두께에서나 다 같이 크다. 그 가운데서도 특징적인 것은 너비의 차이이다. 그 차이가 두께의 차이보다 단군의 경우에는 약 3.2배, 현대조선사람의 경우에는 약 2.5배나 더 크다.

골단부너비의 상대적 크기는 너비지수에 반영된다. 웃골단부 너비지수가 단군은 왼쪽과 오른쪽의 경우에 각각 23.1과 22.8이다. 그것이 현대조선사람은 각각 22.4와 22.5이다. 이렇게 웃골단부 너비가 단군이나 현대조선사람은 상대적으로 비슷하다. 그러한 특징이 아랫골단 부에서도 관찰된다. 아래골단부 너비지수가 단군의 경우에는 각각 14.5와 14.6이다. 그런데 현대조선사람도 그와 류사한 크기를 가지고 있다. 그 지수가 왼쪽과 오른쪽의 경우에 다같이 14.8이다. 라진초도 사람뼈에서도 이 지수는 대체로 그러한 크기를 가지고 있다. 윗골단부 너비지수는 각각 23.3과 22.9이며 아래골 단부너비지수는 각각 14.2와 13.1이다.

단군은 경골의 길이와 너비 및 그 두께와 같이 크기를 표시하는 징표에서 현대조선사람과 구별되는 측면을 적지 않게 가지고 있었지만 골단부의 상대적크기(특히 너비)와 같은 징표에서는 원시조와 그의 후예가 상당히 류사한 특징을 가지고 있다. 골단부 너비지수는 조선 사람의 경골에서 가장 안정된 징표의 하나로 되고 있으며 따라서 그 징표에는 인종적 특징이 아주 잘 반영되어 있다.

릉에서는 단군 안해의 경골도 발굴되었다. 보존 상태는 좋지 못하지만 그래도 일정하게 경골의 크기를 가늠할 수 있을 정도로는 남아있다. 따라서 너비나 두께와 같은 징표를 계측할 수 있었다.

단군안해의 경골은 현대조선사람의 경골보다 퍽 굵다. 물론 단군의 경골에서 볼 수 있었던 것과 같은 크기에 이르지는 못하지만 단군안해의 경골도 현대조선여성의 그것보다는 더 넓고 두껍다.

골단부 가운데 너비가 단군안해의 경우에는 각각 21.5㎜와 21.7㎜인데 현대조선여성은 그 평균치가 각각 18.8㎜와 18.4㎜이다. 경골의 두께도 현대조선여성의 그것보다는 좀 더 두껍다. 골간부 가운데부위에서 가장 큰 두께가 현대조선녀성은 각각 27.1㎜와 26.4㎜인데 단군안해는 그것이 각각 32.2와 32.7㎜이다.

이렇게 단군안해의 경골은 너비가 넓고 두께가 두껍기 때문에 그 둘레도 크다. 골간부 가운데 둘레 이 하나만 보아도 그것이 현대조선여성은 각각 69.7㎜와 69.0㎜인데 단군안해는 그것이 각각 72.4㎜와 74.3㎜이다.

단군안해의 경골은 당시의 시대적특성을 반영하여 단군과 같은 크기에는 이르지 못하였다고 하더라도 현대조선여성보다는 퍽 넓고 두껍고 굵다.

8) 비골

경골의 옆에 있으면서 그의 기능을 보강시켜 주는 비골도 다른 장관골과 마찬가지로 두개체분에 해당되는 개수가 알려 졌다. 인류학적으로 그 특징을 가려보고 계측할 수 있을 정도로 보존상태가 좋은 비골은 단군의 비골이다.

단군의 비골가운데서 오른쪽의 것은 거의 온전하고 왼쪽의 것은 비골머리에 해당하는 부분만 떨어 져 나갔을 뿐이다.

해부학적으로 보아 비골은 경골보다 낮게 위치하기 때문에 그의 상단이 무릎관절형성에도 참가하지 못하고 오직 경골에 접해 있지만 그 길이는 경골의 길이와 동일하다고 할 정도로 아주 비슷하다. 그것은 단군의 경우도 잘 보여 준다.

단군의 비골(오른쪽)은 가장 큰 길이가 364㎜이다. 이것이 단군의 경골과 거의 같은 크기의 길이이다. 현대조선사람은 대응된 징표의 크기가 345.1㎜이다. 따라서 단군의 비골은 현대조선사람의 비골보다 19㎜나 더 길다. 라진초도사람뼈는 경골이 길지 않기 때문에 비골도 길지 않다. 그것이 각각 330㎜와 337㎜이다. 현대조선사람의 평균치보다도 퍽 작다.

단군은 비골의 길이가 이렇게 길어도 너비는 그에 대응될 정도에 이르지 못한다. 특히 윗골단부 비가 그러하다. 이 징표가 단군의 경우에는 각각 28.8㎜와 29.8㎜이다. 그것은 현대조선사람의 그것과 거의 같은 것이다. 골간부 심부위에서 제일 큰 너비의 경우에도 그러한 특징이 인정된다. 이 징표가 단군은 16.5㎜와 17.5㎜인데 이것은 현대조선사람의 그것보다 겨우 1~2㎜정도로 구별될 뿐이다. 그렇지만 굵기에서는 차이가 인정된다. 골간부에서 그 가운데 부위의 둘레나 제일가는 부위의 둘레가 단군은 현대조선사람에 비할 바 없이 퍽 크다. 골간부 가운데 부위의 둘레가 단군은 각각 51.2㎜와 51.4㎜인데 이것은 현대조선사람의 평균치보다 8㎜정도나 더 큰 것에 해당된다.

골간부 가로 자름면 지수에서는 일련의 차이가 엿보이지만 견고성지수에서는 구별되지 않는다.

9) 발뼈

단군릉에서는 족근골에 속하는 근골과 거골뿐 아니라 중족골이나 족지골도 알려 졌지만 여기서는 족근골에 대하여서만 간단히 살펴보려고 한다.

단군릉에서는 한쌍의 근골이 발굴되었다. 족근골가운데서 가장 큰 근골은 부정삼각형의 모양을 띠고 있으며 거골밑에 위치하면서 발뒤꿈치를 이룬다. 이 뼈는 그 크기로 발의 전반크기를 평가할 수 있을 정도로 중요한 위치에 있는 뼈이다.

릉에서 발굴된 한쌍의 근골은 모두 단군의 유골이다. 얼핏 보기에도 이 근골은 상당히 커 보인다. 따라서 단군은 발뒤꿈치도 아주 컸겠다고 보아진다. 얼마나 컸겠는가 하는 것은 다음의 계측자료가 전해 준다.

근골의 크기는 그 길이, 너비, 높이로 평가하게 된다. 그런데 단군의 근골은 육중한 체중을 받칠 수 있도록 그 길이, 너비, 높이가 다 같이 크다. 왼쪽의 근골하나만 보아도 그 길이가 78.3㎜, 너비가 46.5㎜, 높이가 47.0㎜이다. 현대조선사람의 근골은 대응된 크기가 각각 75.7㎜, 42.5, 44.8㎜이다. 이렇게 단군의 근골은 현대조선사람의 그것보다 퍽 크다. 그 가운데서도 상대적으로 더 큰 징표는 너비와 높이이다.

근골의 후외 측에는 뒤거골관절면이 있다. 이 관절면에는 거골이 놓인다. 그런데 단군은 근골이 현대조선사람보다 크지만 이 관절면은 그렇게 크지 않다. 이 관절면의 길이는 각각 31.5㎜와 33.5㎜이고 그 너비는 각각 21.5㎜와 23.8이다. 이것은 단군 근골의 뒤거골관절면이 현대조선사람의 그것보다 별로 크지 않다는 것을 말해 준다.

라진초도인골의 근골은 크지 않다. 오른쪽 근골의 길이가 발표되었는데 그것이 70.0㎜이다. 따라서 라진초도 사람뼈의 근골은 현대조선사람의 평균치보다도 짧다.

단군의 근골은 길이와 너비, 그리고 높이에서 현대조선사람의 근골보다 크기는 하지만 그것이 균형적으로 크기 때문에 길이와 너비, 그리고 높이의 상대적 크기를 반영하는 지수는 서로 구별되지 않는다. 실례로 높이길이지수를 들 수 있다. 이 지수가 단군은 각각 59.7과 60.6인데 현대조선사람은 각각 59.2와 60.6이다.

단군릉에서는 거골도 발굴되었다. 릉에서 나온 거골은 단군의 왼쪽 거골이다.

족근골가운데서 거골하나만이 아래다리와 관절할 수 있게 되여 있다. 거골은 근골우에 위치하면서 족관절형성에 참가한다.

단군은 근골도 크고 경골의 아래관절면도 크기때문에 이 사이에 위치하는 거골도 그 크기에 알맞게 크지 않을 수 없다.

단군은 거골의 길이가 54.4㎜, 그 너비가 47.4㎜, 그리고 그 높이가 34.7㎜이다. 현대조선사람은 대응된 크기가 각각 52.3㎜, 42.2㎜, 31.4㎜이다. 길이, 너비, 높이 그 어느 측면을 보아도 단군의 거골은 현대조선사람의 평균치보다 크다. 이 3개의 징표가 모두 크지만 그 가운데서도 특히 더 큰 것은 너비이다.

근골과 거골이 다 같이 조화롭게 넓은 단군족 근골의 특징은 그의 개체적 특징을 시사해 주는 중요한 자료의 하나이다. 이 특징은 단군의 발이 절대적으로 크면서도 특히 넓었다고 추정할 수 있는 근거를 준다. 육중하고 힘이 센 장사들의 발에서 특징적인 것은 전체적으로 발이 크면서도 아주 넓다는데 있다.

거골체의 웃면에는 아래다리와 관절하는 거골활차가 있다. 발은 이 거골활차를 관절머리로 하여 거골하퇴 관절을 형성한다. 따라서 단군의 거골활차는 경골하단부의 크기에 상응하여 상당히 크다. 그 길이는 41.7㎜, 너비는 34.8㎜, 높이는 13.5㎜이다. 현대조선사람의 경우에는 그에 대응된 징표가 각각 34.4㎜, 29.5㎜, 11.2㎜이다.

단군의 발은 그 발목부위만 든든하고 굳세게 생긴 것이 아니라 발바닥부위도 그러한 특징을 가지고 있다고 말할 수 있다. 거골머리의 모습이 그것을 시사해 준다.

거골의 앞쪽에 위치하는 거골머리는 구상의 형성물로서 주상골과 관절을 이룬다. 따라서 거골머리가 크면 그것과 관절하는 주상골관절면도 크지 않을 수 없으며 자연히 주상골도 크게 된다.

단군의 거골머리는 길이가 36.5㎜, 너비가 26.6㎜, 높이가 14.7㎜이다. 이것은 현대조선사람의 평균치보다 각각 3.1㎜, 4.2㎜, 2.5㎜정도로 큰 것이다.

이처럼 단군은 발도 큰 사람이었다는 것을 알 수 있다.

6. 키와 몸매

키는 사람의 몸에서 각 부분들의 크기를 조건지어 주는 중요한 징표의 하나이다. 신체의 많은 부분이 크기에서 키와 조화롭게 균형을 이루고 있다.

사람의 키는 팔다리뼈로 추정한다. 그것은 키가 팔다리뼈와 일정한 비례관계에 있기 때문이다. 그런데 이 비례관계는 인종적특징을 가지고 있다. 키가 큰 사람일수록 그 사람의 체격을 구성하고 있는 장관골이 의심할 바 없이 긴 것만은 명백하다. 그렇지만 매개의 장관골이 키에 미치는 영향은 서로 같지 않다. 그것은 개체적 특성을 띠고 있다기보다 인종적 특성을 가지고 있다. 아시아 인종계렬의 사람들은 대퇴골에 비하여 팔뼈 그 가운데서도 아래팔뼈가 상대적으로 길지만 유럽인종 계렬의 사람들은 그와 반대로 대퇴골에 비하여 아래팔뼈를 구성하고 있는 요골과 척골의 길이가 상대적으로 짧다.

단군의 키는 아시아사람들의 키를 추정하는데서 많이 이용하고 있는 다음의 공식에 준하여 추정하였다.

그 공식은 다음과 같다.

1.22×(대퇴골+비골)+70.24±3.18

1.22×(대퇴골+경골)+70.34±3.24

2.40×(비골)+80.56±3.24

2.39×(경골)+81.45±3.27

2.15×(대퇴골)+72.52±3.80

1.68×(상박골+척골)+71.18±4.14

1.67×(상박골+요골)±74.84±4.16

2.68×(상박골)+83.19±4.25

3.54×(요골)+82.00±4.60

3.58×(척골)+77.45±4.66

단군의 키를 다리뼈로 추정한데 의하면 171.3㎝, 팔뼈로 추정한데 의하면 173.2㎝였다. 따라서 그의 키는 170㎝이상이였다고 말할 수 있다.

현대사람의 키분류표(마르틴분류표)

(㎝)

키의 크기	남 자	녀 자
작은키		
난쟁이	χ~129.9	χ~120.9
아주 작은 키	130.3~149 9	121.0~139.9
작은 키	150.0 ~159.9	140.0~148.9
중키		
작은 중키	160.0~163.9	149.0~152.9
중키	164.0~166.9	153.0~155.9
큰 중키	167.0~169.9	156.0~158.9
큰 키		
큰 키	170.0~179.9	159.0~167.9
아주 큰키	180.0~199.9	168.0~186.9
거인	200.0~χ	187.0~χ

사람의 키가 나이에 따라 변화 한다는 것은 누구나 체험하고 관찰하게 되는 사실이기 때문에 너무도 당연한 것으로 알려 져 있다. 그런데 키는 나이에 따라 변화할 뿐 아니라 시대에 따라서도 달라진다.

시대에 따르는 키의 변화는 일반의 상식과 어긋난다. 신화전설이나 구전설화에 의하면 옛날사람들은 키가 상당히 컸다는 것으로 전해지고 있다. 이러한 표상은 우리나라 뿐 아니라 세계적으로 공통적인 것이었다.

그런데 역사적 사실은 사람의 키가 시대의 흐름에 따라 점차 작아지는 것이 아니라 점점 더 커지는 방향으로 변화한다는 것을 보여준다. 시대를 거슬러 올라가면 갈수록 키는 점점 작아진다.

우리나라 경우도 마찬가지이다. 알려 진 자료에 의하면 라진시 서포항유적의 신석기시대사람은 남자의 키가 157.2㎝였는데 그 유적에서 청동기시대의 유물이 드러난 문화층의 사람은 그보다 키가 퍽 더 커서 164㎝였다.

그리고 단군과 거의 같거나 그보다 좀 늦은 시기의 사람의 경우에도 그들의 키가 중키의 범위를 벗어나지 못하며 중키 가운데서도 작은 중키(160.0～163.9㎝)에 속한다. 실례로 그 키가 함경북도 회령시의 검은 개봉 유적주민은 163㎝, 라진초도 유적주민은 164.1㎝, 무산군의 범의구석 유적주민은 162.1㎝였다. 그리고 그보다 퍽 후세에 속하는 고구려 사람들의 키도 165～168㎝에 달하는 중키의 범위를 벗어나지 못하였다. 황해남도 안악군에 있는 고국원왕무덤, 자강도 시중군 로남리무덤, 대동군 덕화리무덤 등의 자료가 그러하다.

이렇게 단군은 당시로서는 보기 드물 정도로 키가 큰 사람이었다. 이것은 또한 현대 사람의 키의 분류에 기초하여 보더라도 그 키가 170㎝이상이기 때문에 큰 키의 범위에 속한다.

사람의 몸집형은 대체로 세가지 유형으로 구분된다. 그것을 학자에 따라 세장형, 버그러진형, 중간형으로 구분하기도 하지만 지금은 대체로 무력형, 강력형, 보통형으로 구분하는 것을 많이 받아들이고 있다.

이 분류에 의하면 단군은 의심할 바 없이 강력형의 몸집을 가지고 있었다고 말할 수 있다. 그것은 몸뼈가 모두다 굵직하고 크다는데 있다. 강력형에 속하는 단군의 몸집은 다부지게 생겼으며 크기에 대응하여 가슴둘레, 허리둘레도 크고 근육과 골격이 상당히 잘 발달되어 있었다고 말할 수 있다. 그와 함께 심장이 비교적 크고 흉곽과 복강의 용적이 컸기 때문에 간장, 취장, 신장, 비장과 같은 중요장기들도 컸다고 인정된다.

키에 기초하여 단군의 체중도 추정할 수 있다.

체중을 추정하는 공식은 다음과 같다.

$$my=My+(mx-Mx)R\frac{y}{x}$$

여기에서

my －구하려는 사람의 체중

My－집단의 평균체중

Mx－체중을 구하려는 사람의 키

$R\frac{y}{x}$－ 회귀계수

이 회귀방정식에 기초하여 키가 알려 진 사람의 체중을 산출하기 위하여서는 두가지의 지표를 알아야 한다. 그 하나는 집단의 평균키이며 다른 하나는 집단의 평균체중이다.

지금으로부터 5000여년 전에 해당하는 단군시대의 조선 사람은 키가 평균 163㎝였다고 인정된다. 그리고 그 시대 사람들의 체중은 63㎏이었다고 추정된다.

한때 체중이 키에서 100을 덜어 낸 것과 같다고 하였고 그 방법으로 체중을 산출하기도 하였다. 그런데 이것은 현대 사람의 자료와 일치하지 않았다. 현대 사람의 평균체중은 그보다 좀 더 작았다. 그렇지만 시대를 거슬러 올라가면 갈수록 사람들이 힘겨운 노동에 단련되었고 청장년의 경우에는 무술을 연마하는 과정에 체격이 발달되어 체중이 컸다고 인정된다. 따라서 단군시대의 사람들은 로동의 부하도 컸고 상무적기풍이 하나의 생활풍조로 되고 있었다고 인정되기 때문에 그 시대 사람들이 체중은 키에서 100을 덜어 낸것과 같았다고 보아진다. 그렇기 때문에 단군시대의 조선 사람의 체중은 평균 63㎏이였다고 추측된다. 그리고 키에 따르는 체중은 회귀계수는 0.7이다.

따라서 단군의 체중은 다음과 같이 계산된다.

my=63+(171.3-163)×0.7=68.8

my=63(173.2-163)×0.7=70.14

이 수치는 강력형의 몸집을 가지고 웅장한 체격을 소유한 사람의 체중인 것이 아니라 키가 170㎝정도 이르는 당시의 사람으로서는 누구나 가질 수 있는 중량이다. 그런데 단군은 키가 크고 몸이 홀죽한 사람이었던 것이 아니라 뼈가 굵직한 것으로 보아 의심할 바 없이 그는 웅장한 체격의 소유자였던 만큼 그의 체중은 최소한 70㎏정도였고 그보다 훨씬 더 무거웠다고 확신성 있게 말할 수 있다. 골격의 발달정도로 보아 단군의 체중은 적어도 그 키에 해당하는 평균체중보다 5~10㎏정도는 능히 더 컸다고 추측된다. 따라서 단군의 체중은 75~80㎏정도였다고 추정할 수 있을 것이다.

사람의 몸매는 팔과 다리의 상대적 크기 그리고 곧추 섰을 때의 몸의 자세 등으로 평가하기도 한다.

몸매지수Ⅰ은 팔다리지수이다. 이 지수의 크기에 다라 긴팔형의 몸매인가 긴 다리형의 몸매인가 하는 것을 판단하게 된다. 이 지수는 다음과 같이 표시된다.

$$\text{몸매지수 I} = \frac{\text{상박골길이+요골길이}}{\text{경골길이+비골길이}} \times 100$$

몸매지수 I 이 단군은 80.76이고 현대조선사람은 76.4이다. 이 지수가 작으면 작을수록 긴 다리의 몸매를 이루게 된다.

긴다리의 몸매는 오스트랄리아 사람과 네그로 갈래의 사람들에게 특징적인데 단군과 현대조선사람에서는 그러한 특징이 엿보이지 않는다. 더구나 단군은 현대조선사람의 평균치보다도 팔이 상대적으로 더 긴 경향을 보인다.

생물학적으로 용불용설의 원리에 의하면 개체발육과정에서도 계속 사용하는 기관은 상대적으로 커질 수 있다. 정구선수의 경우에 많이 사용한 오른쪽 팔이 왼쪽팔 보다 더 길어진다는 것은 잘 알려진 사실이다.

단군의 경우에는 현대조선사람보다 상대적으로 팔이 좀 더 길었는데 그것이 찌르는 창 또는 투척무기나 칼과 같은 무기를 어려서부터 다루는 과정에 후천적으로 생긴 변화일수도 있다. 그렇지 않고 선천적으로 물려 받은 유전적인 특징이라고 하더라도 긴팔은 무술을 연마 하는데 유리한 조건으로 되었을 것이다.

몸매지수 II 는 팔의 상대적 크기를 보여 준다. 일명 상박골 전박골 지수라고 하는 이 지수는 상대적으로 상박골이 더 큰가 아니면 전박골이 더 큰가 하는 것을 보여준다. 이 지수는 다음과 같이 표시된다.

$$\text{몸매지수 II} = \frac{\text{요골길이}}{\text{상박골길이}} \times 100$$

몸매지수 II 가 단군은 75.0이다. 그것이 현대조선사람의 평균치는 73.6이다. 이렇게 단군은 현대조선사람과 마찬가지로 전박골이 상박골보다 상대적으로 더 크지 않고 일정한 비례로 조화로운 균형을 이루고 있다.

팔에서는 상박골과 전박골의 상대적 크기로 몸매의 어느 한 측면을 특징지었다면 다리에서는 넓적다리와 종다리의 상대적 크기로 몸매의 한 측면을 특징짓게 된다. 이것을 몸매지수Ⅲ이라고도 하고 넓적다리뼈 긴정갱이뼈 지수라고도 한다.

이 지수는 다음과 같이 표시된다.

$$몸매지수Ⅲ = \frac{경골길이}{대퇴골길이} \times 100$$

몸매지수Ⅲ이 단군은 80.0이고 현대조선사람은 78.6이다. 다같이 비슷한 크기를 가지고 있다.

이 지수가 크면 클수록 상대적으로 넓적다리는 짧고 정갱이(아래다리)는 길다는 것을 의미한다. 일정한 비례로 조화로운 균형을 이루는 경우에도 대퇴골이 경골보다는 항상 길기 때문에 이 지수가 100.0이 될 수는 없다. 일반적으로 동북아시아인종갈래의 사람들과 유럽인종갈래의 사람들은 이 지수가 83.0보다 작고 오스트랄리아 사람들과 네그로갈래의 사람들은 83.0보다 크다.

단군은 이 지수가 80.0인 것으로 보아 넙적다리가 상대적으로 짧고 정갱이가 길다거나 반대로 정갱이가 상대적으로 짧고 넓적다리가 긴 것과 같은 불균형적인 몸매가 이루어져 있지 않았다. 단군의 다리는 그 윗부분과 아랫부분이 일정한 비례로 조화로운 균형을 이루고 있었다.

유골을 가지고 생전의 서있는 모습을 추정한다는 것은 흥미 있는 일이다. 곧추 선 몸자세의 특징은 몸매지수Ⅳ로 규정할 수 있다. 그것은 척추골의 앞뒤높이를 계측하여 추정하게 된다. 특히 요추골로 그 특징을 밝히기 때문에 일명 요추지수라고도 한다.

척추골가운데서 곧추 선 몸자세의 특징을 가장 잘 반영하는 추골은 요추이다.

곧추 선 몸자세를 특징짓는데서 가장 리상적인것은 5개의 요추전체를 가지고 하는것이다. 그런데 유골에서 요추 5개가 모두 보존되어 있지 못하는 경우에는 그 하나로 추정할수 있다. 그 공식은 다음과 같다.

$$\text{요추지수} = \frac{\text{요추추골체의 앞쪽높이}}{\text{요추추골체의 뒤쪽높이}} \times 100$$

단군릉에서는 3개의 요추가 나왔다. 크기나 요추에 나타난 연령적변화의 특성으로 보아 그것은 모두 단군의 요추였다고 인정된다.

단군의 요추에서 추골체의 높이를 모두 계측하였는데 그것이 앞쪽높이의 경우에는 각각 28.5㎜, 30.7㎜, 31.4㎜이고 뒤쪽높이의 경우에는 각각 28.8㎜, 30.2㎜, 30.6㎜였다. 따라서 단군의 요추지수는 1.01이다. 이 지수가 1.0인 경우에는 추골체의 앞쪽높이와 뒤쪽높이가 서로 같기 때문에 등이 곧바르고 그 지수가 1.0보다 큰 경우에는 추골체의 앞쪽높이가 그 뒤쪽높이보다 높기 때문에 등이 휘었다는것을 알 수 있다. 그런데 단군의 요추지수는 1.0보다 별로 크지 않기 때문에 비록 그가 나이는 많이 들었어도 허리가 곧바른 체형의 소유자였다고 말할 수 있다.

* * *

이와 같이 옛 문헌기록에 단군의 묘로 전해지는 이릉에서는 사람의 유골이 나왔다. 2개체분의 유골가운데서 하나는 남성이었고 다른 하나는 여성이었다.

단군의 묘로 전해지는 릉에 관대가 있었고 관대우에 유골이 있었다는 것 자체가 이릉이 단군의 릉이며 남자의 뼈는 단군의 유골이고 여자의 뼈는 단군안해의 유골이라는 것을 말해 준다고 볼 수 있다. 그것은 ≪기자묘≫의 실례가 보여 준다.

다 아는바와 같이 기자라는 사람이 조선에 갔다는 이른바 ≪기자전설≫을 처음으로 전한 기록은 기원전 3세기 말에 중국 진나라사람인 복생이 쓴 ≪상서대전≫이였다. 그런데 우리나라의 봉건사가들은 ≪기자전설≫이라는것을 그대로 믿고 고려숙종 때에는 평양에 기자의 무덤까지 만들어 놓았다.

이른바 ≪기자묘≫라는 것이 순수 꾸며 낸 거짓이였다는 그 묘의 정체는 발굴에 의하여 완전히 밝혀졌다. 전후에 이 묘를 발굴한데 의하면 거기에서는 벽돌쪼각과 사기쪼각밖에 아무것도 나온 것이 없었다. 유골은 말할 것도 없고 그 어떠한 관대시설도 없었다.

또한 단군과 그 안해의 유골이 일정하게 화석화과정에 있던 준화석단계의 유골이었다는 사실도 이릉의 유골이 단군의 유골이었다는 것을 말하여 준다. 반만년이라는 오랜 세월을 땅속에 묻혀 있던 유골만이 준화석 상태에 이르게 되는 것이다.

잘 알려 진바와 같이 단군이 살던 시대에는 사람들의 평균수명이 상당히 짧았다. 세계적으로 그 시대에는 남자의 평균수명이 40대를 넘어 서기도 힘들었다고 한다. 물론 국가가 형성된 이후에는 그보다 좀 더 오래살수 있었다고 하더라도 단군은 그 당시로서는 아주 드물게 오래 산 장수자였다는 것은 의심할 바 없다. 이것은 단군이 장수자였다는 ≪규원사화≫, ≪대동사강≫ 등 여러 옛 문헌기록들과 일치하는 경향을 보여 준다.

단군은 세습제에 기초하여 왕위에 오른 사람인 것이 아니라 자기 자신이 직접 국가를 세운 고조선의 초대왕이었다. 그는 충돌과 전쟁이 빈번하였던 원시시대말경에 평양일대에서 종족련합을 이루고 이웃종족들을 통합하거나 정복하여 우리 강토에서 첫 국가를 세운 우리 민족의 원시조였다. 그는 의심할 바 없이 군장으로써 첫 고대 국가를 건립하는 길에 나섰을 것이다.

첫 국가를 세울만한 군장으로서의 군사적 능력은 단단하고 웅장한 체격에 의하여서도 안받침되어야 한다. 인류학적 특징이 밝혀주는바와 같이 단군은 그러한 군사적 능력을 육체적으로 보장받을 수 있을 만큼 건장한 체격을 가진 사람이었다.

이처럼 단군릉에 안치되어 있는 남자의 뼈는 의심할 바 없이 단군의 유골이며 그는 우에서 분석한 인류학적특징을 가지고 있는 실재한 인물이었던 것이다.

【부록】

몸뼈계측치

쇄 골(mm)

징 표	현대조선사람(남자)		단군(오른쪽)
	왼쪽(N=61)	오른쪽(N=40)	
(4)높이(수직경)	11.7	11.4	12.6
(5)너비(전후경)	11.9	12.2	13.8
(6)둘레	37.4	38.0	45.0
(4)/(5)가로자름면지수	97.9	93.0	91.3

상박골(mm 및 도)

징 표	현대조선사람(남자)		단군(왼쪽)
	왼쪽(N=62)	오른쪽(N=10)	
(1)가장 큰 길이	304.1	305.2	336
(2)총 길이	299.1	301.2	331
(3)웃골단부너비	51.6	51.4	57.8
(4)아래골단부너비	60.2	61.2	64.3
(5)골간부가운데 최대너비	21.9	22.1	26.4
(6)골간부가운데 최소너비	17.6	17.8	23.8
(9)골머리최대너비	41.7	41.8	46.7
(11)활차너비	27.5	27.8	34.5
(12)상박작은머리너비	15.8	15.9	19.4
(14)척골우묵이너비	28.4	28.7	32.8
(10)골머리높이(수직경)	44.6	44.7	47.6
(13)활차깊이	24.6	24.8	25.4
(15)척골과깊이	13.1	13.3	15.3
(7)골간부제일 작은 둘레	60.3	60.1	71.4
(8)골머리 둘레	132.0	132.4	145.2
(18)꼬임각	155.5	154.1	153
(16)골간부와 골머리의 각	82.5	83.2	92
(17)골간부와 골머리연골기슭의 각	50.9	52.2	54

(7)/1견고성지수	19.8	19.7	21.2
(6)/(5)골간부가로자름면지수	80.3	80.5	90.5
(11)/(4)활차너비지수	45.6	45.5	53.6
(12)/(4)상박작은 머리지수	26.2	26.1	30.1

척골(mm 및 도)

징 표	현대조선사람(남자)		단 군	
	왼쪽(N=48)	오른쪽(N=11)	왼쪽	오른쪽
(1)가장 큰 길이	248.2	248.4	272	
(2)생리적길이	220.8	221.3	245	
(6)척골돌기너비	23.9	23.2	25.3	
(61)척골웃너비	28.5	28.2	29.7	
(12)골간부너비	16.7	16.9	19.2	
(13)골간부웃너비	19.0	18.7	21.0	
(9)관상돌기관절표면 앞너비	9.5	9.4	12.5	
(10)관상돌기관절표면 뒤너비	12.3	12.8	16.5	
(11)골간부두께(전후경)	13.3	12.7	15.5	
(14)골간부두께(전후경)	22.8	22.9	25.7	
(7)척골돌기두께(전후경)	24.3	23.5	25.5	
(7.1)척골돌기와 관상돌기사이거리	24.3	24.1	35.5	
(5)척골돌기웃부분높이	5.35	5.26	6.47	
(5.1)척골근위관절표면높이	37.0	38.0	39.8	
(5.2)활차관절면높이	30.1	29.3	31.5	
(8)골간부제일 작은 둘레	21.3	22.3	24.3	
(3)골간부제일 작은 둘레	36.4	35.5	41.2	
(4)골간부 앞뒤굴곡	154.3	154.0	158.6	15.2
(15)척골관절각	84.3	82.8	86	26.4
(3)/(2)견고성지수	16.4	16.7	16.8	
(1)/(2)가장 큰 길이 지수	114.4	112.2	111.0	
(1)/(2.1) 〃	104.4	104.3		
(6)/(2)척골돌기너비지수	10.8	9.7	10.3	
(6.1)/(2)웃너비지수	12.9	12.6	12.1	
(11)/(12)골간부가로자름면지수	79.2	75.1	80.7	
(13)/(14)편평지수	83.3	81.6	82.3	
(5)/(2)척골머리높이지수	2.2	2.1	2.6	
(5.1)/(2)척골근위관절면지수	16.7	17.1	16.2	

(8)/(6)척골돌기높이지수	89.1	96.1	96.0	
(7)/(6)척골돌기깊이지수	101.6	101.2	100.8	
(9)/(10)관상돌기관절면지수	77.2	73.4	75.7	

요골(㎜ 및 각도)

징　　표	현대조선사람(남자)		단　군	
	왼쪽(N=53)	오른쪽(N=10)	왼쪽	오른쪽
(1)가장 큰 길이	224.1	225.3	252	
(2)생리적길이	217.5	217.8	243	
(4)골간부너비	16.2	16.7	18.8	
(4a)골간부가운데너비	15.5	16.0	17.5	18.2
(5)골간부두께(전후경)	12.0	12.8	14.2	14.0
(5a)골간부가운데두께(전후경)	12.3	12.5	13.5	48.8
(3)골간부제일 작은 둘레	39.3	39.3	48.2	
(5.5)골간부가운데 제일 작은 둘레	41.2	41.6	43.2	44.8
(6)골간부굴곡	158.9	158.5	160.3	
(7)골간부와 요골목과의 각	168.5	168.8	164	165
(3)/(2)견고성지수	18.5	18.6	19.8	
(5.5)/2 골간부가운데둘레지수	18.9	19.1	17.8	
(5)/(4)골간부가로자름면지수	74.0	75.3	75.5	

골반골(㎜)

징　표	현대조선사람(남자)		단군(왼쪽)
	왼쪽(N=81)	오른쪽(N=81)	
(4)골반너비	102.9	100.6	104.5
(9)장골높이	129.0	129.5	139.7
(10)장골날개높이	112.7	110.6	114.4
(12)장골너비	154.8	154.6	161.8
(13)장골날개너비	92.2	91.3	102.4
(11)장골우묵이깊이	15.7	12.3	14.7
(17)치골너비	83.4	82.0	88.4
(18)결합부앞면높이	37.9	37.5	43.8
(21)패쇄공너비	34.4	34.7	36.5
(22)비구최대경	59.8	59.2	63.4
(17)/(4)치골높이지수	81.0	81.5	84.5
(12)/(10)장골깊이지수	137.3	139.7	142.3

대퇴골(mm 및 도)

징 표	현대조선사람(남자)		단 군	
	왼쪽(N=101)	오른쪽(N=101)	왼쪽	오른쪽
(1)가장 큰 길이	439.6	438.2	455	
(2)자연상태의 총 길이	427.8	426.2	448	
(3)대전자로부터 가장 큰 길이	414.0	414.6	437	
(4)자연상태에서 대전자로부터 총 길이	421.6	420.8	443	
(5)골간부길이	343.8	343.2	374.2	375.3
(5a)앞면골간부길이	–	–	399.0	
(21)아래골단부너비	80.2	79.2	84.7	86.5
(7)거친선이 발달된 부위에서 골간부너비(횡경)	27.4	27.3	30.4	30.5
(7a)골간부가운데너비(횡경)	27.3	27.1	29.2	29.8
(9)골간부웃너비(횡경)	31.0	31.4	37.0	37.5
(10)골간부웃너비부위두께(횡경)	25.5	25.6	28.0	29.0
(11)골간부아래너비부위두께(전후경)	30.9	31.2	38.5	35.5
(12)골간부아래너비(횡경)	39.8	40.1	48.5	45.5
(8)가운데부위둘레	85.7	86.1	98.0	98.0
(8a)거친선이 제일 발달된 부위 둘레	86.7	86.6	101.1	102.6
(B)웃너비	95.4	96.3	113.2	
(6)거친선이 가장 발달된 부위에서 두께(전후경)	28.3	29.6	32.5	32.8
(14)목부와 골머리의 앞길이	63.6	63.9	79.2	
(15)목부의 높이(수직경)	34.1	34.2	39.5	
(16)목부의 두께(전후경)	26.9	25.7	30.5	
(17)목부의 둘레	97.1	97.4	119.5	
(18)골머리의 높이(수직경)	47.0	47.2	54.3	
(19)골머리의 두께(전후경)	46.6	46.7	52.4	
(20)골머리의 둘레	145.2	145.3	164.5	
(22)외측과 두께(전후경)	60.0	61.2	66.4	67.5
(25)외측과 높이(수직경)	36.0	36.2	43.5	42.3
(26)내측과 높이(수직경)	36.1	36.3	47.0	47.0
(27)골간부굴곡높이	26.1	26.4	39.0	38.0
(28)꼬임각	16.6	13.0	21	
(29)목부각	125.5	126.7	125	
(30)마디턱각	98.5	99.7	98	
(8)/(2)굵기지수	20.2	20.2	21.9	
(8)/(5)골간부굵기지수	24.8	24.9	26.2	
(8)/(5a)골간부굵기지수	23.0	23.2	24.5	
(6)+(7)/(2)견고성지수	13.0	13.1	14.5	

(6)/(7)골간부가운데가로자름면지수	105.1	104.8	106.9	107.5
(7)/(21)골간부가운데너비지수	34.1	34.4	37.8	37.5
(10)/(9)편평지수	82.0	82.1	75.6	77.4
(11)/(12)골간부아래가로자름면지수	77.5	77.7		
(11)/(7)골간부아래너비지수				
(11)/(6)골간부두께지수	106.9	109.0	79.3	78.0
(14)/(2)목부와 골머리의 길이지수	14.8	15.0	119.9	109.2
(17)/(5)목부굵기지수	28.2	28.3	118.1	108.2
(16)/(15)골머리가로자름면지수	76.0	75.1	18.3	
(18)+(19)/(2)골머리굵기지수	21.8	22.0	31.9	
(19)/(18)목부가로자름면지수	99.2	98.9	77.2	
(21)/(5a)아래골단부굵기지수	21.6	21.5	23.8	
(22)/(21)아래골단부가로자름면지수	74.9	76.7	96.5	
(25)/(22)외측과 높이지수 거친선의 발달	60.0	59.1	21.9	78.0
	2～3형	2～3형	78.3	62.7
			65.5	3～4형
			2～3형	

경골(mm 및 도)

징 표	현대조선사람(남자)		단 군	
	왼쪽(N=102)	오른쪽(N=24)	왼쪽	오른쪽
(1)총 길이	345.5	345.1	364	365
(1a)가장 큰 길이	352.6	356.2	372	372
(1b)안쪽길이	335.9	340.5	367	370
(2)관절길이	327.8	326.2	357	358
(3)웃골단부너비(횡경)	77.5	77.8	81.4	82.5
(6)아래골단부너비(횡경)	51.3	51.3	52.8	53.5
(9)골간부가운데너비(횡경)	21.7	22.0	23.2	24.0
(9a)영양공부위에서 골간부너비(횡경)	24.5	25.0	26.8	27.6
(4)거친선부위에서 가장 큰 두께(전후경)	48.3	48.1	51.0	52.5
(5)거친선부위에서 가장 작은 너비(횡경)	45.7	43.3	48.3	48.8
(7)아래골단부두께(전후경)	37.5	37.7	42	44
(8)골간부가운데 가장 큰 두께(전후경)	31.3	30.5	41.2	41.7
(8a)영양공부위에서 골간부두께(전후경)	35.6	34.9	37.5	38.5
(11)골간부굴곡높이	18.2	17.0	20.8	21.2
(12)웃골간부후경각	14.2	14.0	18	12
(13)경골머리후경각	9.3	9.7	11	12
(14)꼬임각	21.2	22.2	22	24

(10)골간부가운데둘레	80.1	79.8	87	88
(10b)골간부 제일 작은 둘레	71.5	72.2	78	79
(9)/(8)골간부가운데 가로자름면지수	69.2	72.1	53.7	55.2
(9a)/(8a)편평지수	68.6	71.8	71.4	71.6
(3)/(1)웃골단부너비지수	22.4	22.5	23.1	22.8
(6)/(1)견고성지수	14.8	14.8	14.5	14.6

비골(mm 및 도)

징 표	현대조선사람(남자)		단 군	
	왼쪽(N=52)	오른쪽(N=14)	왼쪽	오른쪽
(1)가장 큰 길이	345.1	346.1		364
(1a)가운데길이	340.5	341.1		362
(4.1)웃골단부너비	28.6	29.2		29.8
(2)골간부가운데 제일 큰 너비	15.8	15.2	28.8	17.5
(3)골간부가운데 제일 작은 너비	11.6	11.4	16.5	14.2
(4)골간부가운데둘레	43.0	43.8	13.3	51.4
(4a)골간부제일 작은 둘레	37.7	38.1	51.2	43.5
(3)/(2)골간부가로자름면지수	73.7	74.8	44.2	81.1
(4a)/(1)견고성지수	10.3	10.9	80.6	11.9

근골(nm)

징 표	현대조선사람(남자)		단 군	
	왼쪽(N=48)	오른쪽(N=21)	왼쪽	오른쪽
(1)가장 큰 길이	75.7	76.9	79.5	78.7
(1a)길이	71.4	72.0	74.0	74.0
(2)가운데 너비	42.5	43.0	45.5	46.0
(3)제일 작은 너비	–	–	26.8	26.0
(4)높이	44.8	45.0	47.8	47.0
(5)뒤관절면 길이	54.9	55.3	48.8	47.0
(9)뒤관절면 제일 큰 일이	29.8	30.0	33.5	31.5
(10)뒤관절면 너비	21.9	22.7	23.8	21.5

(14)전후축으로부터의 뒤관절면의 경사각	43.6	44.6	48.3	48.0
(2)/(1)너비길이지수	56.1	55.9	57.2	48.4
(3)/(1)제일 작은 너비지수	–	–	33.7	33.0
(4)/(1)높이 길이 지수	59.2	58.2	60.6	59.7

거골(mm 및 도)

징 표	현대조선사람(남자)		단 군	
	왼쪽(N=48)	오른쪽(N=21)	왼쪽	오른쪽
(1)길이	52.3	52.4	54.4	
(2)너비	42.2	42.1	47.4	
(3)높이	31.4	31.6	34.7	
(4)활차길이	34.4	34.8	41.7	
(5)활차너비	29.5	29.9	34.8	
(6)활차높이	11.2	11.0	13.5	
(12)뒤관절면 길이	33.0	32.7	35.5	
(13)뒤관절면 큰 너비	21.0	22.0	23.4	
(16)거골목각	22.0	22.1	26	
(15)뒤관절면 경사각	46.3	46.9	47	
(17)거골머리꼬임각	42.2	42.6	41	
(9)거골머리길이	33.4	33.7	36.5	
(10)거골머리너비	22.4	22.1	26.6	
(11)거골머리굴곡높이	12.3	12.1	14.7	

상박골(mm)

징 표	현대조선사람(여자)		단군안해 (왼쪽)
	왼쪽(N=16)	오른쪽(N=10)	
(5)골간부가운데 제일 큰 너비	19.1	19.7	25.4
(6)골간부가운데 제일 작은 너비	14.1	14.4	16.4
(7)골간부 제일 작은 둘레	52.5	52.2	53.2

대퇴골(㎜)

징 표	현대조선사람(여자)		단군안해	
	왼쪽(N=101)	오른쪽(N=10)	왼쪽	오른쪽
(7)거친선이 발달된 부위에서 골간부너비	25.9	25.3	27.4	27.0
(7a)골간부가운데너비	25.4	25.9	25.8	27.2
(8)골간부가운데 둘레	77.7	77.6	82.4	81.6
(6)거친선이 가장 발달된 부위 두께	25.6	25.2	28.6	28.2
(6)/(7)골간부가운데 가로자름면지수 거친선발달	-	-	104.3	104.5
	-	-	2형	2형

경 골(㎜)

징 표	현대조선사람(여자)		단군안해	
	왼쪽(N=21)	오른쪽(N=19)	왼쪽	오른쪽
(9)골간부가운데너비	18.8	18.4	21.5	21.7
(9a)영양공부위에서 골간부너비	21.7	21.0	22.4	22.9
(4)거친선부위에서 가장 큰 두께	42.8	42.1	-	44.6
(5)거친선부위에서 가장 작은 너비	38.2	37.9	-	40.5
(8)골간부가운데 가장 큰 두께(전후경)	27.1	26.4	32.2	32.7
(8a)영양공부위에서 골간부두께(전후경)	30.2	29.3	34.0	33.4
(10)골간부가운데 둘레	69.7	69.0	72.4	74.3
(10,b)골간부 제일 작은 둘레	63.1	62.7	-	71.4

비 골(㎜)

징 표	현대조선사람(여자)		단군안해(오른쪽)
	왼쪽(N=20)	오른쪽(N=10)	
(2)골간부가운데 제일 큰 너비	13.8	14.0	15.2
(3)골간부가운데 제일 작은 너비	10.7	10.8	12.5
(4)골간부가운데 둘레	37.2	37.2	41.3
(4a)골간부 제일 작은 둘레	32.0	33.0	35.7

단군릉의 발굴과정과 유골감정

저　　자 | 장우진 외
펴 낸 이 | 육낙현
인　　쇄 | 동아인쇄

1판1쇄 인쇄 | 2008. 11. 3.
1판1쇄 발행 | 2008. 11. 7.

등록번호 제2-1125호
등록일자 1991. 2. 11

펴낸곳 | 백산자료원
㊞100-193 서울시 중구 을지로 3가 334-1
전화 (02)2268-8668 팩시밀리 (02)2267-7710
http://www.paeksan.com
E-mail : pss1966@kornet.net

값 7,000원
ISBN 978-89-6194-012-2 93910

* 파본은 교환하여 드립니다.